朝日新書
Asahi Shinsho 837

江戸の旅行の裏事情

大名・将軍・庶民 それぞれのお楽しみ

安藤優一郎

朝日新聞出版

プロローグ～街道には旅人がいっぱい

男も女も寺院へ神社へ――

泰平の世として知られる江戸時代は、武士から庶民まで国内旅行を謳歌できた時代だった。日本史上、観光旅行が庶民にも身近となった最初の時代である。

江戸中期にあたる元禄年間（一六八八～一七〇四年）には、一大旅行ブームが起きた。そこからはじまった庶民の観光スタイルの多くが現在に継承されている。

赤穂浪士が吉良邸に討ち入ったのは元禄十五年（一七〇二）。この事件を描く映画やテレビドラマでは、大勢の武士や町人たちが街道を行き交っている。

元禄三年（一六九〇）から二年間にわたって長崎出島のオランダ商館に駐在し、江戸も二度訪れたことのあるドイツ人医師のエンゲルベルト・ケンペルも、日本人が非常によく旅行していることに驚きの念を隠せなかった。まさしく「旅行大国」だった。

この国の街道には毎日信じられないほどの人間がおり、二、三の季節には住民の多いヨーロッパの都市の街路と同じくらいの人が街道に溢れている。（中略）一つにはこの国の人口が多いことと、また一つには他の諸国民と違って、彼らが非常によく旅行することが原因である。（『江戸参府旅行日記』平凡社東洋文庫）

江戸中期以降、明治まで日本の人口は三千万人台で推移したと推定されている。そのうち支配階級たる武士の人口は約百五十万人で、全人口の約五％を占めるに過ぎない。大半は支配される側の庶民であり、庶民も国内旅行を謳歌できたことで、ケンペルが指摘するように毎日信じられないほどの数の人間が街道にいたのである。

ここで言う庶民とは、農村・漁村・山村に住んで米や野菜・果物の生産、漁撈や山仕事などの農林水産業に関わる農民や漁民、あるいは街場で商売やモノづくりに携わる商人・職人といった商工業者などの町人を指す。

ケンペルが訪日した元禄期は高度経済成長がピークに達して、元禄文化が花開いた時代だ。江戸最初の旅行ブームのきっかけとなったのは寺社への参詣であった。旅行には身元証明書とも言うべき「往来手形」が必要だったが、寺社参詣を理由にした旅行の場合は発給されやすかった。

こうして、寺社参詣を方便とした旅行が盛んになる。伊勢神宮への参詣（お伊勢参り）に至っては熱狂的な「群参」が繰り返し起き、「おかげ参り」と呼ばれた社会現象にまで発展する。伊勢松坂在の国学者本居宣長《もとおりのりなが》の著書『玉勝間』によれば、宝永二年（一七〇五）には、四月上旬から五月二十九日までの間に三百六十二万人が参宮したという。

江戸時代の庶民は、身分制度に縛られて移動の自由が制限された以上、幕府や藩が設けた関所でのチェックも厳しいイメージが今なお強い。しかし、それは必ずしも事実ではない。「関所手形」がなくても通過させてしまう事例は珍しくなかった。袖の下次第というのもごく普通のことであった。

そうした検査のゆるさも追い風となり、庶民の旅行は非常に盛んだった。それが内需依存の江戸の消費経済を活性化させていく。

社会の安定なくして安心安全な旅行など成り立たないのは、昨今のコロナ禍の例をひくまでもなく古今東西共通の法則である。旅行人口の増加とは、前代ほど旅行が危険を伴うものではなくなった江戸時代ならではの現象であり、陸路や水路などの交通網の整備に拍車を掛ける要因となった。逆に、交通網の整備が旅行人口を増やす要因になったとも言えよう。

女性が旅行人口の増加を牽引する傾向も江戸時代からはじまる。江戸の女性は家庭に閉じこもりがちという印象を持たれているが、実際はグループでよく旅行していた。旅先の買い物などの消費行動が、旅行市場の拡大に大きく貢献したことは現代と同じである。

武士・大名はトラブルメーカー

旅行人口の増加により、宿泊業や飲食業そして娯楽産業は活況を呈する。そこでは現代も顔負けの集客戦略、浮世絵などのメディア媒体を駆使したプロモーション戦略が展開された。

その最大の舞台が将軍のお膝元江戸だった。江戸は旅行先としても人気が高かった。

旅行市場の主役は庶民だが、全人口の五％を占めるに過ぎない武士階級が旅行市場の拡大に果たした役割も見逃せない。その象徴的な事例こそ、諸大名が大勢の家臣を率いて江戸と国元の間を一年おきに移動した参勤交代である。莫大な金を全国の街道や宿場で落とすことで内需拡大に貢献したが、トラブルを起こしながらの旅でもあった。宿泊料のダンピング、備品の破壊など宿泊先でのトラブルは枚挙にいとまがない。

大名に限らず、公用で旅行する武士の悪行三昧に泣かされる宿泊業者や一般庶民も大勢いた。一方、将軍の場合はその影響力の大きさゆえ、旅行を自主規制せざるを得なかった。

現代ではインバウンドへの期待が非常に大きいが、江戸時代の訪日外国人の場合は外交使節としての旅行に限定され、その経済効果はさほどではなかった。だが、数少ない訪日外国人が残した道中の日記は、今となっては江戸の社会についての貴重な証言となっている。先に取り上げたケンペルの日記などはその典型的な事例だ。

本書は以下の七つの視点から、元禄時代にはじまる江戸の旅行ブームの実像を一つひとつ明らかにする。どうしてこの時代の人々は、このように愉快な旅行を楽しむことができたのか？　その理由を探ってゆく。

各章の内容は以下のとおりである。

第一章「庶民の旅の表と裏」では、物見遊山を楽しめるようになった庶民の実情と、その背景に焦点を絞る。参詣者を増やしたい全国各地の寺社、温泉、そして宿泊業者の積極的な営業戦略はどのようなものであったか、具体例をみていく。人気の高い熱海に対抗する箱根七湯のある戦略が旅行市場の拡大を牽引した。また、男たちにとって本当の目的ともなっていた「精進落とし」の実際を探る。

第二章「買い物、芝居――したたかな女性の旅」では、自由を得た江戸時代の女性たちが旅行の楽しさを享受していた姿に光を当てる。厳格な取り調べが行われていたはずの関所が、どうして有名無実になっていたのかも詳しく解き明かす。

第三章「大江戸、人気観光地となる」では、江戸が旅行先として人気が高まった理由に迫る。江戸は娯楽が溢れる町であったことに加え、「出開帳《でがいちょう》」というイベントが果たした役割などにも注目する。

第四章「大名の『団体旅行』は七難八苦」では、大名に義務付けられた参勤交代を取り上げる。数百人から数千人レベルの団体旅行ゆえに「ダイヤグラム」まで用意したが、道中はトラブルの連続だった。

第五章「乱暴極まりない武士・公家の旅」では、将軍や天皇の権威を傘に着た出張旅行で武士や公家が大手を振って甘い汁を吸っていた実態を明らかにする。難癖を付けて駕籠かき人足などから金銭を巻き上げるのは当たり前のようになっていた。

第六章「自粛を求められた将軍の旅」では、社会に与える影響があまりに大きいため行動の自由が制限された将軍の「旅行」を紹介する。束縛された生活の憂さを晴らすかのように、将軍は江戸の大名庭園内で疑似旅行を楽しんだ。なかにはテーマパークのように宿場をそっくり復元させた庭園まであった。

第七章「外交使節、江戸へ行く」では、鎖国下に来日した外交使節の江戸までの旅を追う。失態があれば外交問題となるため、接待にあたった諸大名は細心の注意を払う。「おもてなし」で一番苦労したのは何だったのか——。

以上、記録や図会も紹介しながら、現代にも相通じる江戸時代の旅行の裏事情を解き明かしていく。

※〔貨幣換算について〕時代により変動の幅は激しいが、本書では金一両（＝四分＝十六朱）を約十万円と換算し、公定相場の金一両＝銀六十匁＝銭四千文の割合で叙述を進める。金一分が約二万五千円、金一朱が約六千円、銀一匁が約千六百円、銭一文が約二十五円とする。

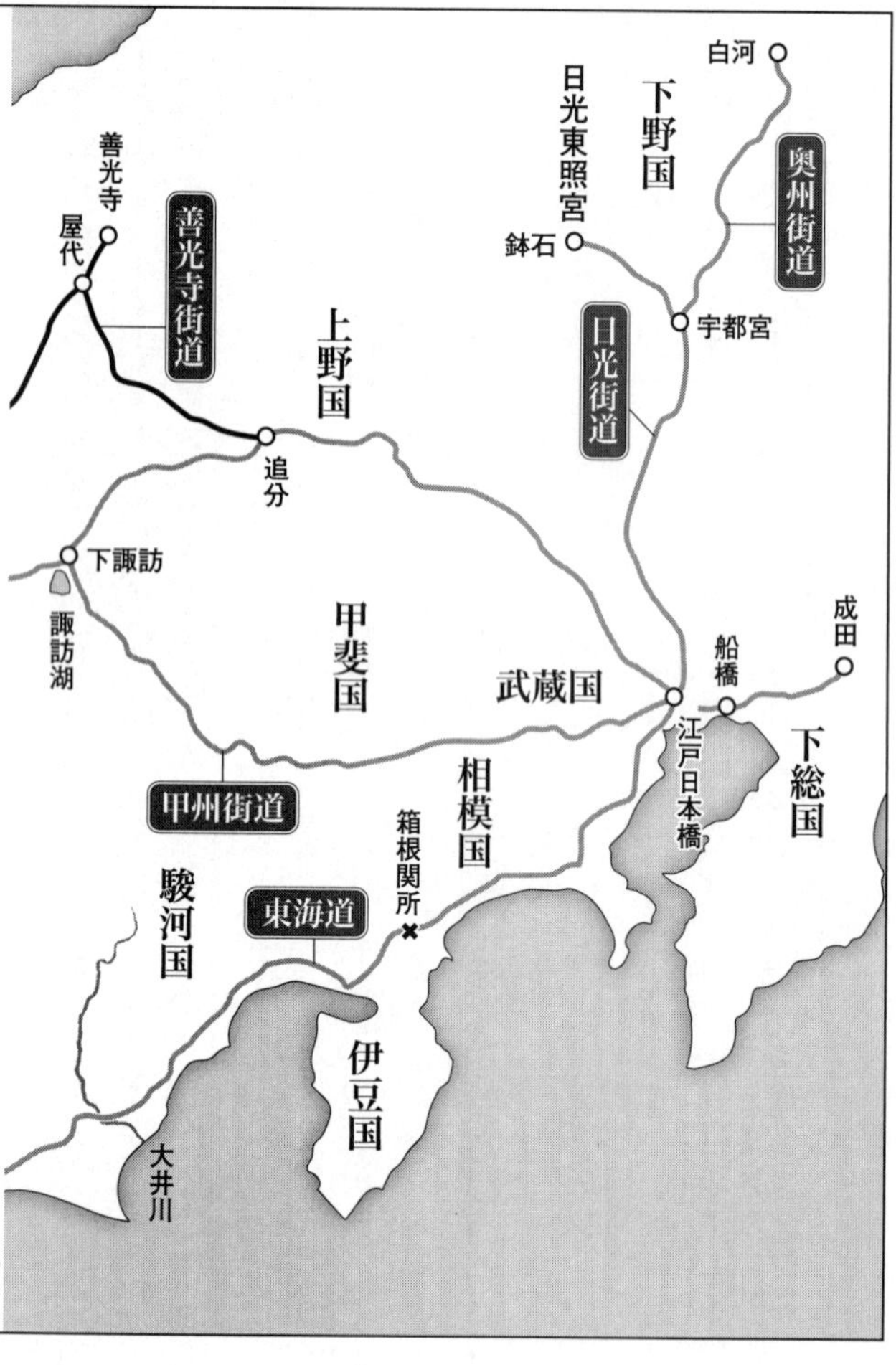
白河
日光東照宮
下野国
奥州街道
鉢石
宇都宮
日光街道
善光寺
屋代
善光寺街道
上野国
追分
下諏訪
諏訪湖
甲斐国
武蔵国
成田
船橋
江戸日本橋
下総国
甲州街道
相模国
箱根関所
駿河国
東海道
伊豆国
大井川

江戸時代の主要街道

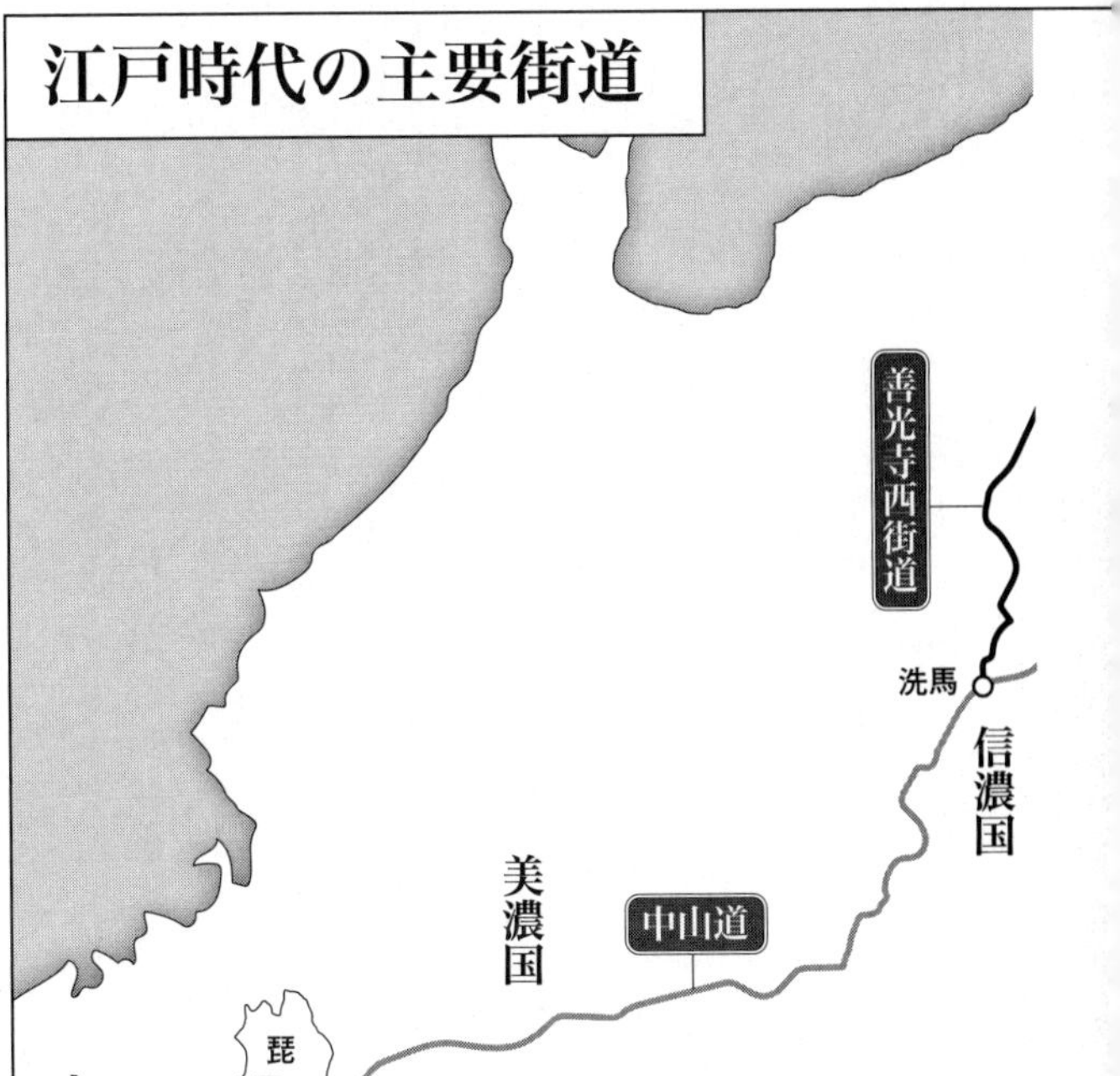
善光寺西街道
洗馬
信濃国
美濃国
中山道
琵琶湖
山城国
京都三条大橋
近江草津
近江国
関
伊勢国
津
四日市
桑名
伊勢神宮
七里の渡し
宮（熱田）
尾張国
三河国
今切りの渡し
新居
舞坂
遠江国

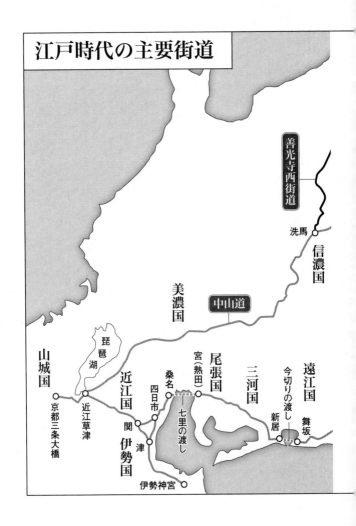

江戸の旅行の裏事情

大名・将軍・庶民 それぞれのお楽しみ

目次

プロローグ～街道には旅人がいっぱい　3
男も女も寺院へ神社へ――／武士・大名はトラブルメーカー

第一章　庶民の旅の表と裏　21

(1) 寺社参詣を促した講のシステム　22
講の組織化が進む／片道一泊二日の成田詣で／
精進料理の献立表／決まりは旅籠一軒に飯盛り女二名だが……

(2) 御師という旅行代理店　32
伊勢参宮を牽引した御師の仕事／大山詣りを下支えした檀那廻り／
こんなに儲かった宿坊経営

(3) 温泉旅行ブームの到来　42
箱根七湯の誕生と献上湯のはじまり／一夜湯治が定着し温泉番付も登場／
メディアが後押しした温泉旅行

(4) 仁義なき宿泊客争奪戦　53

旅籠の宿泊料と留女の活躍／安心して泊まれる協定旅館制度が登場／
芝居見物とのパッケージ販売／『旅行用心集』にみる旅のリスクマネジメント

第二章　買い物、芝居――したたかな女性の旅　65

（1）急増する女性たちの旅行　66
往来手形で宿屋も紹介／発給手続きが面倒な関所手形だったが……

（2）関所という難関と袖の下　73
そもそも箱根関所での取り調べとは／人見女と「袖元金」の相場／
代行発給も盛んだった関所手形／関所破りと関所抜けが横行

（3）女性七人、男性一人の旅日記　82
名所めぐりに一カ月以上／ふさが残した八人旅の記録／
代表的な観光コースと、二百五十文の案内人／『江戸買物独案内』で土産を買う

第三章　大江戸、人気観光地となる　93
（1）幕府による観光地開発　94
江戸名所の誕生と江戸名所図会の刊行／桜の名所・飛鳥山の「矢取り女」／だだっ広い犬小屋跡地が桃園に
（2）浮世絵に描かれた盛り場の賑わい　102
聖と俗——盛り場になった浅草寺の境内／両国広小路という一大歓楽街／吉原オリジナルのイベント日・紋日
（3）全国の寺社が江戸に集まる　114
大借金を完済できた江戸出開帳／本末転倒、カンカン踊りまで登場／江戸藩邸に集結した全国の神さま仏さま
第四章　大名の「団体旅行」は七難八苦　123
（1）江戸参勤の下準備と意外な持ち物　124

出発日も経路も幕府が決めた／半年前から宿泊場所を予約／
料理道具から漬物石まで持ち運ぶ／殿様専用の風呂、トイレも／
お城まるごとの移動

（2）**海路もあった参勤交代** 135
薩摩藩島津家の参勤交代ルートと御座船／七十四艘もの大船団／
海路から陸路への切り替え

（3）**行動はいつも想定外の連続** 142
様々な規則でわかる不行跡／予定変更と大散財を強いられた川留め／
暮れ六ツ泊まりで七ツ立ちの強行軍／殿様が安眠できたのは駕籠の中だけ

（4）**宿場との金銭トラブルが頻発する** 154
宿泊費を値切った長州藩、ケチな大和郡山藩／
本陣備品の破損・紛失は当たり前／宿泊キャンセルの補償金はどうなった？

第五章　乱暴極まりない武士・公家の旅　161
（1）将軍の権威を傘に着た幕臣の出張旅行　162
ぶつかり合う旗本と大名のプライド／野宿させられた仙台藩伊達家の怒り／御茶壺様の御通りだ
（2）日光例幣使で財産を築いた貧乏公家　170
日光東照宮の建立と日光社参の開始／日光例幣使の派遣とは何か／「パタル」と呼ばれた例幣使のインチキ収入／切り刻んだ古い幣帛が初穂料に化ける
（3）藩士たちの引っ越し旅　180
「三方領知替」による藩士の転勤騒動／大人数が禁じられて三々五々の分散旅に／大量に発給された関所手形と面倒だった武具改め
第六章　自粛を求められた将軍の旅　189

(1) 将軍が城外に出ると銭湯は休みとなった 190
将軍御成時の「戒厳令」／御成道の家々には目張り・窓蓋／
煙止めの強制とお徒湯という例外
(2) 大名庭園で疑似旅行 198
大名屋敷内に造られた全国各地の名所／本物そっくりの宿場町／
仮想空間・東海道小田原宿を旅する将軍徳川家斉
(3) 「従軍絵師」が描いた将軍の上洛 206
「御上洛東海道」シリーズの誕生／将軍家茂の最後の上洛／
シュリーマン、将軍を発見す

第七章 外交使節、江戸へ行く 217

(1) オランダ商館長の「参勤交代」 218
カピタンの江戸参府、百六十六回／道中で、おもてなしの駅伝リレー／
帰路はのびのび観光旅行

（2）朝鮮通信使とおもてなしの食事　227
将軍代替わりごとの来日／好物を記した覚書／
江戸入りに物見高い群衆が押し寄せた
（3）琉球使節の「江戸上り」　234
薩摩と琉球の表には出せなかった関係／
琉球ブームが沸き起こる／
異文化交流の場となった江戸の町
あとがき　242
参考文献　244

地図作成／谷口正孝

自由気ままに舌つづみ。鞠子の名物「とろろ汁」(「東海道五十三次・鞠子〈部分〉」歌川広重＝国立国会図書館蔵)

第一章

庶民の旅の表と裏

街道を行き交う人々（「東海道風景図会・道中風俗〈部分〉」＝国立国会図書館蔵）

(1) 寺社参詣を促した講のシステム

講の組織化が進む

江戸の旅行ブームを牽引した寺社への参詣は個人もさることながら、団体での参詣が定番である。そんな団体旅行が旅行人口増加の最大の要因となり、「おかげ参り」のような熱狂的な「群参」も生み出すが、団体旅行の基盤となった組織に目が向けられることはあまりない。

その組織とは、「講」である。

講とは寺院や神社、あるいは霊山、霊場に参拝して奉加《ほうが》や寄進を行う集団組織のことで、講中とも言う。信徒側から自然発生的に講が結成される場合もあったが、大半は寺社側のアプローチで結成された。まさしく布教活動の成果だった。

寺院の講からみてみよう。

成田山新勝寺（現千葉県成田市）といえば、近頃は明治神宮に次いで初詣での人数が多いことで知られる。その信徒が組織する講は成田講と呼ばれた。本尊の不動明王を篤く信仰していることから、不動講ともいう。

関東の初詣での人気では成田山と双璧の川崎大師平間寺《へいげんじ》（現神奈川県川崎市）の信徒が組織する講は大師講、同じく関東の高尾山薬王院（現東京都八王子市）の信徒による講は高尾講、雨降山大山寺《あぶりさんおおやまでら》（現神奈川県伊勢原市）の講は大山講と呼ばれた。

神社の講としては、伊勢講、富士講、秋葉講などが挙げられる。それぞれ、伊勢神宮（現三重県伊勢市）、富士山の浅間《せんげん》神社（現山梨県富士吉田市）、東海の秋葉神社（現静岡県浜松市）の信徒により組織された講である。

言うまでもなく、寺社の経営は講からの奉納金に大きく依存していたが、寺社への参詣も講単位で行われることが多かった。寺社も講による参詣を大いに歓迎した。そして至れり尽くせりの「おもてなし」が展開された。

講、そして所属した人数についての貴重な史料が成田山には残されている。

文化十一年（一八一四）に作成された「江戸講中在所記」という江戸の成田講の会員名簿によれば、講の数は五百十五講にものぼった。大半の講は二十～四十人ぐらいのメンバーで構成され、総人数は一万七百三十二人を数えた。その家族を含めれば、数万人の規模となっただろう。

講中はその寺社の信徒で組織されてはいたものの、当時の講はいわばファンクラブのような組織で、入退会も自由と見た方が事実に近い。ゆるやかなまとまりの集団であったが、ゆるやかな組織の方が敷居が低くて入会しやすい。

つまり、成田講だけに入会している江戸っ子もいただろうが、高尾講や大山講にも入っている講員も珍しくなかったはずだ。むしろ、ごく当たり前のことだったのではないか。

宗派が異なる寺社に参詣することは現在でも日常的な光景で、そうした事情は江戸も同じである。大半の江戸っ子はご利益があれば、またその評判を聞き付ければ、どの宗派の寺社でも参詣した。そうした江戸の信仰事情を踏まえれば、複数の寺院の講に入っていても何の不思議もない。

もちろん、江戸っ子数万人が成田講のメンバーであったとしても、その信仰の度合いはおのずから異なる。だが成田山としては数万人を講という形で組織化できたことは、経営基盤にプラスになったことは間違いない。講を通じて参詣を促すことで参詣者が増加すれば、いきおい浄財（寄付金）も増えて経営強化に直結する。

成田山に限らず、どこの寺社も講を活用していた。

講は町や村という共同体単位で結成されるのが普通だが、江戸のような都市では商人や職人仲間単位で組織された講もあった。商人仲間で組織された講としては、魚屋や酒屋のほか、両替屋・札差《ふださし》（俸禄米の仲介業者）・米屋・材木屋などの講が挙げられる。

職人仲間では町火消で組織された講がある。成田山の山内には江戸町火消が奉納した石碑が今も数多く残されている。成田山を参詣した町火消の講中が信仰の証として奉納したものだ。そうした由緒を踏まえ、今も「江戸消防記念会」が成田山に毎年赴き、木遣歌《きやり》を奉納している。

片道一泊二日の成田詣で

講単位で参詣する場合は、次のようなシステムで参詣することになっていた。

講員がおのおの金銭を出し合い、積み立てておくのである。積もり積もって奉納金となるわけだが、それだけが使途ではない。参詣に要する旅費にも充てられた。

ただし、メンバー全員がうち揃って参詣したのではない。順番で参詣する仕組みになっており、講を代表した「代参講」のスタイルが取られた。

数人から数十人ずつ連れ立って参詣したが、懐に入れていたのは旅費や宿泊費だけではなく、多額の奉納金も持参しての団体旅行だった。

成田山を事例に、江戸から成田までの行程をみていこう。ちなみに、成田山への参詣は成田詣でと呼ばれた。

水戸街道から成田へ。船橋宿にはお楽しみが——（「諸人成田山参詣之図」＝国立国会図書館蔵）

成田詣では片道一泊二日の行程だった。陸路の場合は江戸から東に向かい、隅田川に架かる千住大橋を渡って新宿《にいじゅく》に入り、小岩・市川関所を経て江戸川の先へ進んだ。八幡宿を経由した後、その日は船橋宿で宿泊した。翌日、船橋を出発し、佐倉城下を通過して成田に到着するのが一般的なコースである。

このルートは、もともと佐倉街道と呼ばれていた。ところが、成田詣でのため使われることが増えたため、いつしか成田街道と呼ばれるようになる。

水路も使って参詣する場合は次の二つのコースがあった。

一つは、深川の高橋《たかばし》から小名木《おなぎ》川を経由して下総国の行徳河岸まで船で進み、上陸した後は市川を経由して船橋宿で宿泊するコースである。翌日は陸路の場合と同じく大和田宿、佐倉、酒々井《しすい》を経由し、成田へと向かった。

もう一つは行徳河岸で上陸せずに、そのまま江戸川を遡って利根川との分岐点である関《せき》宿《やど》に向かうコースである。その後、今度は利根川を下って安食《あじき》河岸・木下《きおろし》河岸から上陸し、成田に向かった。主に船旅となって歩く距離が少なかったため、結構利用者が多かったようだ。参詣裏道とも呼ばれたコースだった。

陸路にせよ、水路・陸路併用にせよ、成田に到着すると門前の旅籠《はたご》屋に宿泊したが、講で成田詣でをする場合、泊まる宿屋は決まっていた。江戸の成田講に限らず、関東各地に点在する成田講は成田山門前の旅籠屋とそれぞれ契約し、参詣時の定宿としたのである。

精進料理の献立表

翌日の早朝、成田講の面々は入山し、未明からはじまっている本堂での朝護摩《あさごま》に参加する。その後、護摩札を頂戴することになるが、護摩終了後に本坊では精進料理やお神酒《みき》を振る舞われることになっていた。これを、「坊入り」と呼ぶ。

成田山では、成田講に出す精進料理にたいへん気を遣ったようだ。それだけ、成田講の人たちは重要な客だったからである。

運良く、献立記録がいくつか残っている。一口に精進料理と言っても、奉納金額でかなりの違いがあったことが分かる。メニューは奉納金によってランク付けされていたのだ。

文政九年（一八二六）に参詣した講中に出された献立の記録には、煮染め、吸い物、硯《すずり》蓋《ぶた》（口取り）、大鉢、大平、丼、大鉢、吸い物、大鉢などと書かれている。最初の吸い物の具は、千本しめじ、白玉、かゐわり（貝割菜）、うど。二度目の吸い物の具は、水前寺のり（熊本の名産品）とまつたけ。最後の大鉢には、葡萄《ぶどう》と梨《なし》が盛られていた。

吸い物以外の料理では、どんな食材が使われていたのか。文化十二年（一八一五）の献立記録によれば、きのこ類では、しめじ・きくらげ・まつたけ・しいたけ。野菜では、ゴボウ・しょうが・長イモ・れんこん・うど・竹の子・ワラビ。海藻類ではもずく、水前寺のりなどが用いられたことが分かる。

この時のメニューは、煮染めと赤飯、吸い物、硯蓋、大平、鉢積、丼、肴《さかな》で、その後、本膳、二の膳、三の膳が続く豪華な料理だった。煮染めにはゴボウ、しいたけ・かんぴょう・焼き豆腐・やまといもが食材として使われた。仏教の殺生戒を遵守《じゅんしゅ》した植物性の食材の数々である。

実に多彩だが、これだけの食材を取り寄せるのは、さぞ大変なことだったろう。いかに、成田山が成田講に気を遣っていたかが分かる献立だ（『成田山新勝寺史料集』第六巻）。

もちろん、信仰の証としての奉納金あってのおもてなしだったが、講中に対する至れり尽くせりの饗応は、どの寺社にもあてはまることなのである。

決まりは旅籠一軒に飯盛り女二名だが……

朝護摩に参加し、坊入りで心尽くしの接待を受けた成田講の面々は、同じ道を取って江戸に戻るのが一般的なパターンだった。その日は船橋宿で再び宿泊し、翌日に江戸へ到着するという往復三泊四日のスケジュールが多かった。

ただし、成田から香取・鹿島神宮に向かう道もあったため、成田参詣の折に足を伸ばして両神宮に参詣する者も多かった。寺社参詣の際、直帰せずに近隣の寺社や行楽地も訪れるのは、成田詣でに限らずごく当たり前のことであった。

成田詣での一行が往路・復路の宿泊地とすることが多かった船橋は宿場町として成田街道、東金《とうがね》街道、房州街道、銚子街道の分岐点であるだけでなく、漁港として栄えた町でもあった。水陸交通の要衝として賑《にぎ》わったが、その賑わいに拍車を掛ける旅籠屋があった。遊女を置いていた「飯盛旅籠《めしもり》」である。

成田詣ででは成田街道船橋宿、相模国大山寺への参詣（大山詣りという）では東海道藤沢宿での精進落としが定番だった。この精進落としには飲食はもちろん、遊女屋での遊興も含まれていたのは言うまでもない。成田詣でや大山詣りに限らず、寺社参詣後の精進落としは男たちの密かな楽しみとなっていた。要するに寺社参詣が、遊興を楽しむための方便となっていた事例が多かった。この精進落としなどは最たるものだろう。

幕府は吉原など特別に認めた場所以外での遊女商売を禁じており、旅籠屋での遊女商売

旅籠屋で化粧しながら出番を待つ遊女たち（「東海道五十三次・赤阪、旅舎招婦ノ図」歌川広重＝国立国会図書館蔵）

は本来認められないはずであった。しかし、旅人に給仕する女性を飯盛女という名目で置くことは容認していたのである。見て見ぬふりをしたのだ。ほぼ黙認されており、江戸っ子が寺社参詣にかこつけて宿場町で精進落としができたのも、旅籠屋が飯盛女を抱えていたからに他ならない。

幕府は旅籠屋一軒につき飯盛女は二名が上限と定めていたものの、上限を超えた旅籠屋は珍しくなかった。

といっても、旅籠屋に必ず飯盛女が置かれたわけではない。置かない旅籠屋（平《ひら》旅籠という）もあったが、多くは飯盛女を抱えることで大いに繁昌した。宿場の繁栄にもつながっていたことも事実である。

宿場全体の運営は、その主役たる旅籠屋や茶屋から徴収する「役銭《やくせん》」で支えられた。いわば営業税のようなもので、なかでも飯盛女を抱える旅籠屋が納める役銭は多額だった。それだけ利益を上げていたが、飯盛女の揚げ代が原資なのであった。

なお、宿場で遊女商売を営んだのは旅籠屋だけではなかった。茶屋も給仕する女性を遊女として密かに働かせていた。飯盛女とともに宿場を陰で支える存在だった。

船橋宿の飯盛旅籠では飯盛女（遊女）が盛んに旅人の袖を引いたが、その遊女は「八兵衛」と呼ばれたという。旅籠屋のうち飯盛旅籠が半数以上を占めた藤沢宿でも同じような光景が繰り広げられていた。（安藤優一郎『大江戸の飯と酒と女』朝日新書）

（2）御師という旅行代理店

伊勢参宮を牽引した御師の仕事

参詣者が激増するおかげ参りの年に限らず、江戸時代は総じて伊勢神宮への参詣つまり伊勢参宮が盛んで、参宮者の大半は国内人口の九割以上を占める町人・農民などの庶民だった。全国津々浦々の町や村に鎮座する氏神の総元締め、つまり総氏神の位置にあったことが全国から参詣者が押し寄せた一番の理由だろう。また、二十年ごとの「式年遷宮」で社殿を造り替える習わしも、今と同じく評判となったことだろう。

かつては天皇を戴く朝廷や公家から手厚い経済的支援を受けたが、平安中期以降、朝廷が武士の勃興により力を失うと、経済的な支援を充分に望めなくなる。そこで、伊勢神宮は戦勝祈願を通じて武士階級への依存を強め、武士の間にも伊勢信仰が広がっていく。

一方、庶民の間でも信徒が増えていた。庶民は商売繁盛・家内安全などの様々な現世利益が一番の関心事だった。バラエティーに富む庶民の祈願に対応するには、さすがに伊勢神宮本体だけでは無理だった。その上、武士に比べれば、はるかに庶民の数は多かった。

よって、伊勢参宮の呼び掛けなどに直接当たった「御師（おんし／おし）」が大きな役割を果たすことになる。伊勢神宮と庶民の仲介役を務めた御師こそ伊勢信仰を拡大させた最大の功労者なのであり、江戸中期にあたる宝永二年には熱狂的な群参まで起きたことは冒頭で述べたとおりである。

伊勢神宮に限らず、御師は神社が信徒を拡大させるには無くてはならない存在だったが、いったい御師とは何か。

御師は祈禱《きとう》に携わる神職ではあるものの、神社内で職務にあたるのではなく、社外で以下のような職務にあたった。各地で信徒の集まりである講の結成を働きかけて講員たちの参詣を促す一方で、参詣の折には自分の屋敷に宿泊させ、仲介者として祈願を神社に取り次いだ。一種の代理店のような存在だった。なお、伊勢神宮の御師は他の神社の御師とは区別されており、「おんし」と呼ばれた。

伊勢神宮は内宮《ないくう》と外宮《げくう》から成る。内宮の御師は百五十家、外宮の御師は享保九年（一七二四）の数字によると六百十五家を数えたという。御師にはそれぞれ受け持ちの講があり、伊勢神宮の御師の場合、伊勢講のメンバーは各自数百軒にも及んだ。有力な御師となると、十万～三十万軒にも達した。他の神社の追随を許さない規模である。

伊勢の御師も受け持ちのメンバーに参宮を勧めた。実際に参宮した時には出迎えたり、宿泊や案内の面倒を見たりしたが、メンバーの拡大にも実に熱心だった。

御師や配下の手代衆は受け持ちの伊勢講が所在する各地域を回り、「天照皇大神宮」「豊受大神宮」などと摺《す》られた伊勢の御祓《おはら》い札を配っている。その代わり、「初穂料」として金銭を受け取った。受け持ちの家が多いほど「初穂料」が増えるのだから、メンバーの拡大に熱心なのは至極当然のことであった。

御師や手代衆が受け持ち地域を回る際には、講員向けのお土産を持参するのが通例だ。茶、鰹節、青海苔、のし鮑《あわび》、扇子、箸《はし》といった日用雑貨品が多かったが、女性向けには伊勢特産の白粉《おしろい》を持参した。貰った女性は伊勢参宮への気持ちが沸き上がったに違いない。今にも通じる営業戦略である。

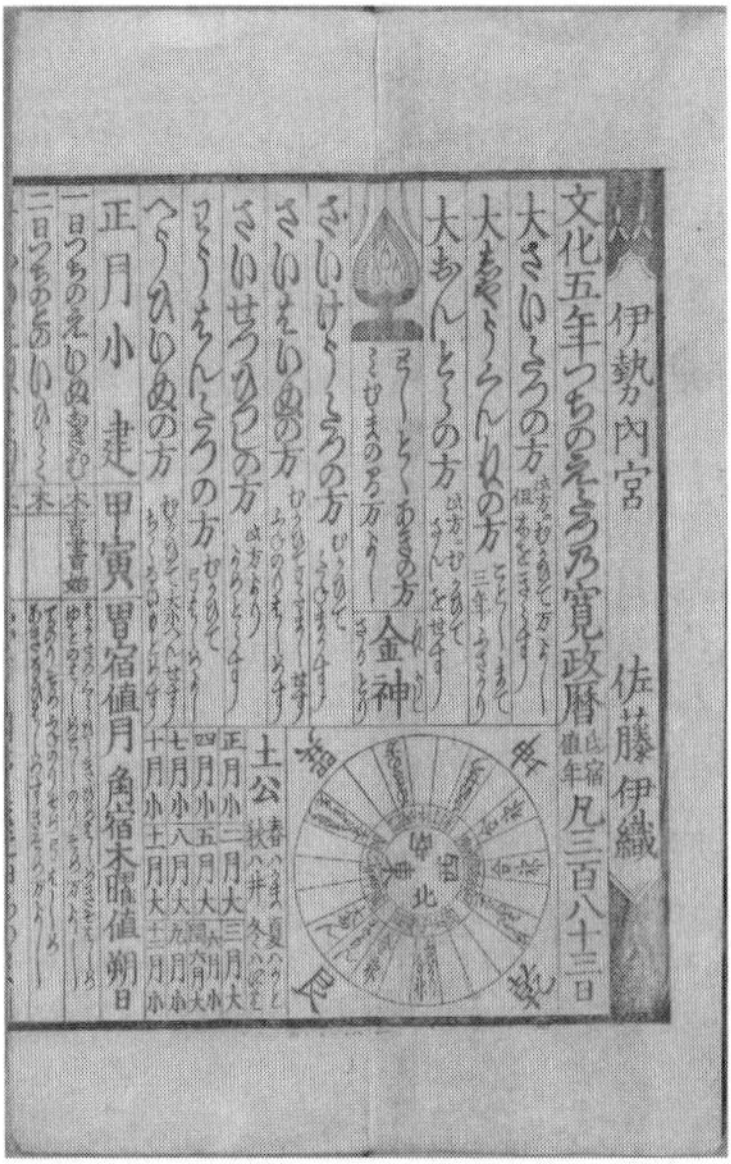

農民が喜んだ販促ツールの伊勢暦（「伊勢内宮暦」＝国立国会図書館蔵）

農民にとっては、現代のカレンダーにあたる伊勢暦《ごよみ》がお土産として配布されたことも大きい。江戸中期の十八世紀初めには二百万部以上も摺られたという大ベストセラーだ。

それだけ、当時は暦の需要が大きく、なかでも農事に関する季節情報も加えられた伊勢暦が大量に摺られた。伊勢暦が貰えるのは伊勢講のメンバーであることのメリットだった。

伊勢神宮にとり、御師は一種の営業部員であった。いわば最前線で伊勢信仰の拡大に尽力したが、その活動を地域で支えたのが伊勢講なのである。

講を仕切る講元は伊勢参宮のための積立金の管理・集金にあたるほか、御師との連絡、伊勢からやって来た御師や手代には自宅を宿所として提供するなど、その活動を陰で支えた。御師と伊勢講が車の両輪の役を務める形で、伊勢信仰は全国各地へと浸透していった。

これこそ、総じて江戸時代に伊勢参宮が盛んだった最大の理由だった。群を抜く伊勢講のメンバーの数が、それを何よりも物語っている。伊勢講を基盤とする御師たちの営業活動により伊勢信仰が全国的な規模で庶民の間に浸透しなければ、「おかげまいり」など起きなかっただろう。

伊勢参宮に出立する前日、代参者は氏神に参拝して御神酒《おみき》を受け、御祓いの注連縄《しめなわ》を貰った。家族は当人が旅から帰るまでの間、不浄なものが入らないよう、これを家の入り口に貼るのだ。代参者は講中や親類縁者を招いて祝宴を開き、別れの水杯を交わし、餞別《せんべつ》を貰った。

出立当日は講中から見送りの人が出て、村境まで送るのが仕来りだった。江戸から旅立つ場合は、七つ立ち（午前四時頃の出立）とすれば最初の昼食は東海道川崎宿あるいは神奈川宿となる。そこで代参講の集団は「同行堅め」と称して酒を飲む。この儀式を経ることで講集団としての旅がはじまるのである。（鎌田道隆『お伊勢参り』中公新書）

大山詣りを下支えした檀那廻り

御師と講が団体の参詣者を増加させ、ひいては江戸の旅行ブームを牽引したといっても過言ではない。そして、古典落語の演目にもなっている大山詣りの盛行を支えたのも同じく御師と大山講の存在であった。

神奈川県伊勢原市に聳《そび》える標高一二五二メートルの大山は別名阿夫利山《あふりやま》（雨降山）とも言う。雨を降らせてくれる山として、古くから近隣の農民から厚い信仰を受けていた。大山の頂上には大山阿夫利神社の本社が鎮座し、山中には不動明王を本尊とする大山寺が立っていた。ここで言う大山詣りとは、大山寺への参詣のことである。

庶民が集団で大山寺に参詣する傾向が顕著となったのは、十八世紀に入ってからだが、江戸はもとより関東各地で大山詣りが定着する過程で、大山寺（大山不動）の信者で構成される大山講もメンバーを増やしていった。次々と新たな講が誕生することで参詣者が増加したとも言える。講員の数は関東一円で七十万軒にのぼった。最盛期には年間二十万人が参詣したとも伝えられるが、これも御師の営業活動なくしては達成不可能な数字だった。

江戸の頃、大山の御師は百七十人前後いたという。現在の伊勢原市の伊勢原口と秦野市の秦野口の二カ所に分かれ、集落（御師集落という）を形成していた。

普段、御師は大山の麓で生活し、年二回ぐらい講中のもとを回っている。これを「檀那《だんな》廻り」と称した。御師は講に入会した信徒を檀那とみなし、師檀関係を取り結んでいたからである。

大山の御師も講中を回る時、様々なモノを届けている。御札、箸、盆、重箱、煎餅《せんべい》、お茶……。お土産として届けられたが、それだけで帰ったのではない。それに対する志を、金銭で受け取った。

意外な土産品としては薬がある。御師が経営する宿坊では薬も製造したのだ。大山寺でも目薬が製造され、参拝客に人気を博した。

檀那廻りの時期は、大山詣りが集中する春山（四月五日～二十日）、夏山（七月二十七日～八月十七日）を除いた時期に設定された。農村で結成された大山講に対しては、秋の収穫が済んだ暮れから正月にかけての農閑期に回るのが通例であった。従者と共に一週間から二十日間ぐらいで、各地域の檀那を一巡した。

もちろん、既存の講中を回るためだけに檀那廻りをしたのではない。その折には、新たな檀那つまり信徒の獲得も目指した。新たな講を結成しながら回ったのである。

こんなに儲かった宿坊経営

大山詣りが盛んとなったのは、小旅行気分を味わえる片道一泊二日ぐらいの近距離にあったことも大きかった。そうした事情は、先にみた成田詣でにもあてはまる。

春山の時期は、まだ農閑期にあたるため、近在や関東一円の農民が大挙して参詣した。夏山の時期は盆山とも言い、特に江戸からの参詣者で溢れる特徴があった。

庶民は次のような手順を踏んで出かけた。

江戸っ子の場合は、大山に向かう前に隅田川に架かる両国橋に向かうのが定番だ。大山詣りの際には、自分の体を清めるため、両国橋東詰の下流側で十七日間の水垢離《みずごり》をするのが慣習となっていたからである。

「奉納大山石尊大権現天狗小天狗諸願成就」などと書きこんだ木太刀を手に持って、乳の辺りまで水に浸かる。そして、「懺悔《ざんげ》、懺悔、六根精浄《ろっこんしょうじょう》」と唱え、手に持ったサシ（ワラシベ）を一本ずつ流した。大山詣りに出発する前の通過儀礼だが、これを十七日間続けたのだ。このため、両国での水垢離は大山詣りのシンボルとして広く知られた。

木太刀は参詣の折に奉納され、帰山する際には他の者が奉納した木太刀を持ち帰る風習

木太刀を肩に大山参り。最盛期には年間二十万人にも及んだ（「東海道五十三次細見図会」歌川広重＝国立国会図書館蔵）

があった。帰宅すると、その太刀を神棚などに祀《まつ》って災いを避けようとしたのである。この太刀に触ると、病気にならない、厄が除けられると信じられていた。

江戸から大山に向かう道は大山街道と呼ばれた。講で大山に参詣する時は御師が経営する宿坊で宿泊・休憩し、祈禱を取り次いでもらうのが習いだが、講が支払う宿泊代は御師にとり貴重な収入源となっていた。

それだけではない。翌朝、大山に登山して参拝するが、その前に御師は参拝者に祈禱を行い、祈禱料を受け取っている。参詣が終わると、講中に御札を配布した。参詣できなかった講員用の御札も配布している。

村山坊という宿坊に関する天保二年（一八三一）のデータによれば、夏山（二十一日間）の時期に村山坊へ宿泊した講は二百十三にも及んだ。講員数は総計八百五十七人。一つの講中で平均四人ほどが代参した計算だが、その人数にはかなりの幅があった。一人の事例が三十三組もあり、一人での代参講も少なくなかったことが分かる。一方、十人以上という事例は十四組あった。

宿泊料は、一泊三百文（約七千五百円）が通例である。かけ蕎麦一杯が十六文（約四百円）という時代だから、蕎麦代の二十倍弱となる。旅籠屋の宿泊料は一泊二百五十文が相場であり、それより少し高めだった。宿泊料とは別に、茶代と称してその一割ぐらいを渡している。サービス料のようなものだろう。

この年の村山坊の夏山期間中の収入は、六十両一分一朱百七十七文（六百三十万円ほど）だが、注目すべきは利益率だ。宿泊に伴う御師側の出費はその二十％前後に過ぎず、利益率は七十〜八十％にも達していた。

宿坊経営が御師にとり、いかに大事だったかが分かる数字と言えよう。御師が講員の獲得、その参詣に非常に力を入れたのも頷ける。（『大山信仰』雄山閣出版）

参詣後は、江戸にそのまま直帰するのではなく、東海道に出て江の島や鎌倉、藤沢宿に赴くことが多かった。江戸の頃も江の島・鎌倉は観光地として人気があり、大山詣りとセットで楽しむことが一般化していた。その流れのなかで、藤沢宿に加えて江の島も大山詣りの精進落としの場として賑わい、男連中の密かな愉しみになっていた。

（3）温泉旅行ブームの到来

箱根七湯の誕生と献上湯のはじまり

江戸時代は戦乱が収まり、命が危険に晒《さら》される機会が激減したことで、人生にとっては病気や怪我が一番の脅威として浮上してきた時代である。泰平の世を背景に、現代と同じく健康や医療への関心が非常に高まった時代だとも言える。そうした時流のなか、湯治への関心も高まってくる。

文化七年（一八一〇）に刊行された八隅蘆庵《やすみろあん》の『旅行用心集』（桜井正信監訳『旅行用心集』八坂書房）には、六十一箇条にもわたる旅行の際の注意事項が収められている。湯治に関する記述も詳細で、温泉の選び方や湯治の方法にまで記述は及んだ。なかでも次の一節は注目される。

上は将軍・大名から下は庶民に至るまで、今は湯治が盛んである。

江戸後期には身分の上下にかかわらず、湯治つまり温泉旅行がブームとなっていた様子が分かるが、当初は大名など上流階級の楽しみに限られていた。数日かけて温泉地まで旅行した上、湯治のため長逗留するのが普通だったからである。

湯治は七日を一廻りと数え、三廻りするのが一般的だった。三週間が湯治の単位となっていて、二十日以上の長逗留となると相応の財力が必要となる。どうしても大名クラスの武士や豪商、豪農に限られてしまうのだ。

『旅行用心集』には二百九十二カ所もの温泉が紹介されている。なかでも人気の高い温泉地といえば東の筆頭は熱海・箱根、西は有馬になる。熱海・箱根は江戸、有馬は京都・大坂に割合近かったため、近隣の農村や漁村にとどまらず、都市部からの湯治客も期待できた。

以下、江戸から二〜三泊で行けた箱根を事例として江戸時代の温泉旅行ブームをみていこう。

箱根の湯治場としての歴史は奈良時代にはじまるという。鎌倉時代になると、武将たちは箱根のなかでも湯本を湯治場として利用した。合戦で受けた傷を癒したり、持病を治療したりしたが、湯本のほか底倉《そこくら》や芦ノ湯なども湯治場として利用された。

江戸時代に入って、将軍のお膝元江戸と京都を結ぶ東海道が整備されると、箱根の早川沿いの村々が湯治場として賑わうようになる。慶長十年（一六〇五）に早川沿いで温泉（塔ノ沢湯）が発見されると、その周辺でも次々と温泉が発見されていく。

やがて、箱根七湯（湯本・塔ノ沢・底倉・宮ノ下・堂ケ島・木賀・芦ノ湯）と呼ばれる湯治場が誕生する。実はこの箱根七湯の存在を一躍有名にしたイベントがあった。献上湯である。

箱根の近くには、それに勝るとも劣らない湯治場・熱海があった。徳川家康をはじめ諸大名も熱海での湯治を楽しんだ記録が残っている。

山間部の箱根は、多くの大名が湯治に訪れた熱海に比べると、華やかさに欠けたかもしれない。だが、その効能で注目されていた。それが幕府の知るところとなって、箱根の湯の献上が命じられたのである。

毎日二樽《たる》ずつ、汲《く》み出された御湯が江戸城まで運ばれ、将軍が入浴したのだ。それが十四日間も続く。箱根の献上湯は正保元年（一六四四）にはじまるが、次のような手順で将軍のもとに届けられた。

まず、紋服、袴《はかま》姿の湯宿の主人が長柄の檜柄杓《ひのきびしゃく》で御湯を汲み、幕府から届けられた樽に移す。二つの樽が御湯でいっぱいになると、封印されて箱根山を下った。一樽につき四人の人足と、交代要員として二人の人足が付いた。この六人は眼病のない屈強の者が選ばれたという。

正月恒例、箱根駅伝の復路と違い、十四日間にもわたって江戸へ運ばれた御湯樽は、東海道筋そして江戸の町で大きな話題を呼ぶ。この献上湯は湯治場箱根の大PRとなり、江戸をはじめ周辺から大勢の湯治客が訪れる契機となったはずだ。これに刺激を受けて幕府に働きかけた結果なのか、寛文二年（一六六二）からは熱海の御湯の献上もはじまる。

一夜湯治が定着し温泉番付も登場

熱海に加えて箱根も江戸近郊の湯治場として脚光を浴びたことで、箱根七湯には三廻りの湯治客が大勢滞在するようになる。しかし、先に述べたとおり庶民レベルでは長逗留は無理だった。箱根までの往復日数を入れると約一カ月の旅行となってしまう以上、武士以外では豪商や豪農に限られた。大名が箱根の湯治場にやって来る事例も増えていった。

ところが、最初の旅行ブームが到来した江戸中期にあたる元禄・享保期に入ると、庶民でも一廻り、二廻りの湯治客が多くなる。湯治をしながら箱根の名所も楽しむというように、観光を兼ねた客も増えてきた。湯治の大衆化がはじまっていたのだ。一廻り、二廻りの客をできるだけ取り込みたい湯治場の営業戦略も透けて見えてくる。

江戸後期になると、そんな長期の湯治を目的とせず、観光のため箱根に一～二泊するのが主流となる。「一夜湯治」と称されたスタイルの登場により、庶民でも温泉がたいへん

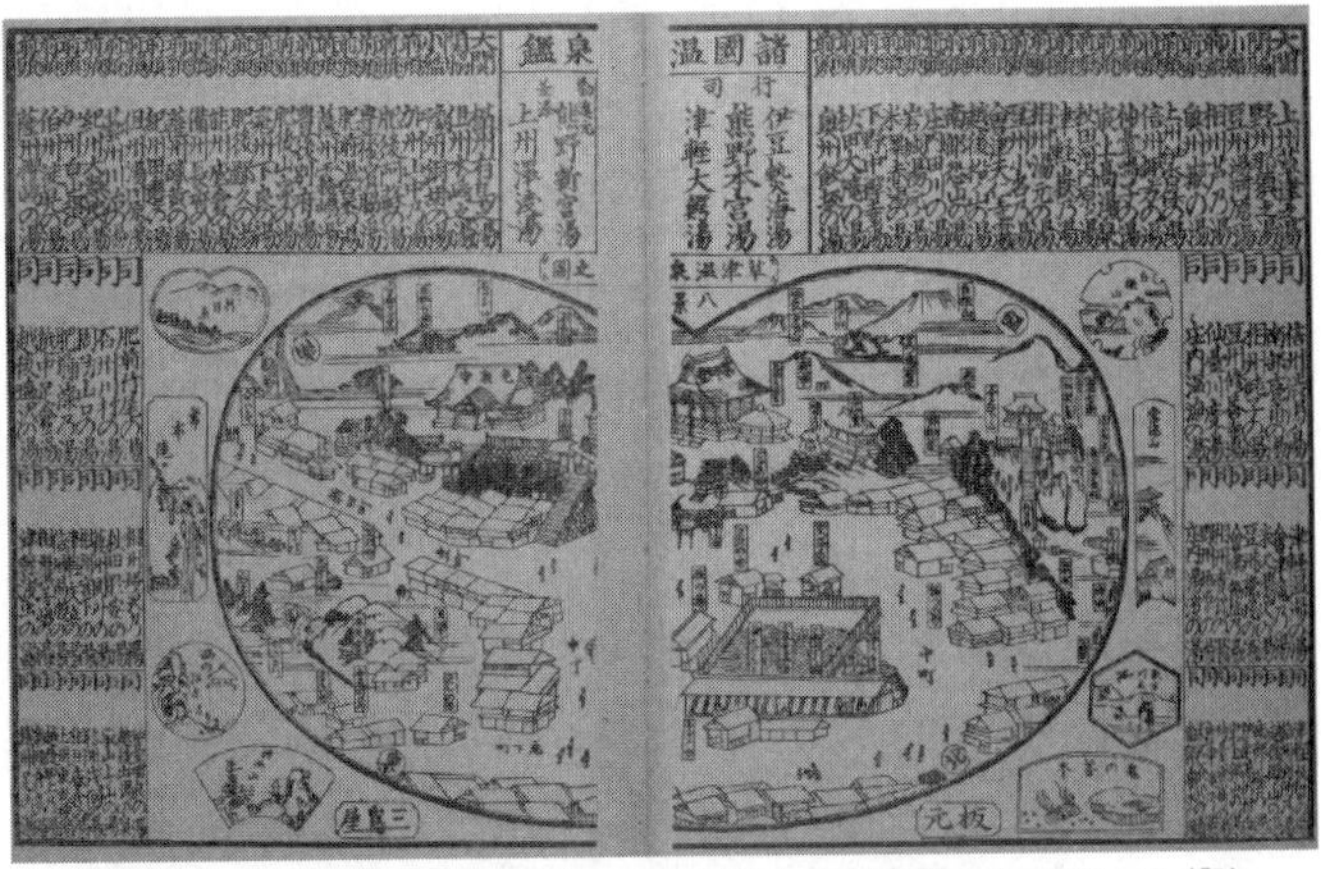

温泉番付。東西の大関（最高位）は上州草津と摂州有馬となっている（「諸国温泉鑑」＝国立国会図書館蔵）

身近なものとなった。

その結果、湯治の大衆化は一気に進む。江戸からみると、箱根の湯治場は関所の手前にあるため、関所を通る必要がなかったことも大きかった。その分、手軽な旅が期待できた。

江の島や鎌倉などの旅行のついでに、箱根まで足を伸ばして温泉に入る事例が増えたことで、箱根は湯治場というよりも観光地として注目されていった。

講による団体旅行が箱根を旅程に組み込むことも当たり前のようになる。お伊勢参りや大山詣りなどの一行が参詣後、箱根の湯治場に一泊したのだ。長期の湯治客だけでなく、一泊だけの観光客も受け入れることで温泉の利用者が急増したことは間違いないが、箱根だけにあてはまる事例ではなかったはずである。

江戸後期の文化七年（一八一〇）に刊行された前出の『旅行用心集』によれば、諸国の温泉は養生のためだけに湯治する人はもちろん、物見遊山の旅で立ち寄る者に向けてその効能を説くようになったという。観光地として湯治場が注目されていた時流を受け、各温泉が多くの湯治客を取り込もうと営業努力を重ねていた様子が窺える。

このように、江戸後期には温泉旅行のブームが到来した。ついには、「諸国温泉功能鑑」といったタイトルのように、効能が期待できる温泉が相撲の番付のように並べられた温泉番付まで登場する。この番付では、百近い温泉地が江戸からの距離と効能付きで取り上げられていた。

しかし、温泉ブームによって損害を被った者もいた。

宿泊客を湯治場に横取りされた近隣の宿場だ。箱根七湯に対し、東海道小田原宿や箱根宿が宿泊客の減少に悩んでいたのである。そのため、文化二年（一八〇五）には両宿が、湯治場があった湯本村を幕府の道中奉行に訴え出る事態に発展する。道中奉行は諸国の街道や宿場を管轄する役職で、勘定奉行と大目付が兼職した。

湯本村が一夜湯治と称し、伊勢参りや大山詣り、富士山登山の講中を大勢宿泊させたことで、宿泊者が減少して宿場の財政が苦しくなったとして、一夜湯治の禁止を求めたのだ。だが、七湯の湯本村は反論する。ここは街道筋に位置するため昔から一～二泊の湯治客が多かったとして、逆に一夜湯治を正式に認めて欲しいと求めた。

この争論に対し、幕府は現状を追認する形で一夜湯治を認めたため、訴え出た小田原・箱根両宿にとってはやぶ蛇の結果となる。そして、一夜湯治が幕府から公認されたことが箱根七湯側には追い風となり、湯治客はさらに増えていった。

ところが、集客合戦が過熱し、今度は七湯内部で湯治客の奪い合いが激化してしまう。七湯ではトラブルを防ぐため、次のような協定を互いに取り結んでいる。

駕籠人足を酒食でもてなし、自分の湯宿に湯治客を引き込む行為、茶屋や旅籠屋に手を回して湯治客を紹介してもらう行為、旅籠屋同様の安い料金で客を宿泊させる行為を禁止する。これらの行為に及んだ場合は五十日間の営業停止を申し合わせたのである。言い換えると、そうした行為が盛んだったことが分かる。

なお、宿泊料については一夜湯治が公認された文化年間の数字が残されている。一廻り（七日間）で夜食と朝食付きで金一分（約二万五千円）と銭二百文（約五千円）。貸与される夜具代が百五十文（三千七百円ほど）だった。

一方、敗訴した小田原宿では宿泊客を増やすために、別の手段を講じることが迫られた。その結果、飯盛女の増員を道中奉行に願い出る。遊女を増やすことで宿泊客の増加を目論んだのである。

メディアが後押しした温泉旅行

一夜湯治が幕府公認となったことで、箱根の湯治客はますます増え、いきおい湯治場の観光地化も加速する。こうして、湯治場と周辺の見所を周遊する「七湯廻り」と呼ばれた観光ルートが作られていく。

代表的なルートは、湯本三枚橋から湯本→塔ノ沢→堂ケ島→宮ノ下→底倉→木賀→芦ノ湯を回った後、箱根権現に詣で、さらに元箱根から賽《さい》の河原に出て東海道を三枚橋まで戻るコースだ。そんな観光ルートに加え、七湯の効能や周辺を紹介するガイドブックも刊行されるようになる。

なかでも、文化八年（一八一一）に刊行された『七湯の枝折《しおり》』は全十巻から成る大部な絵巻であった。作者の文総《ぶんそう》と弄花《ろうか》の二人が七湯を丹念に回って完成させた絵図が収められ

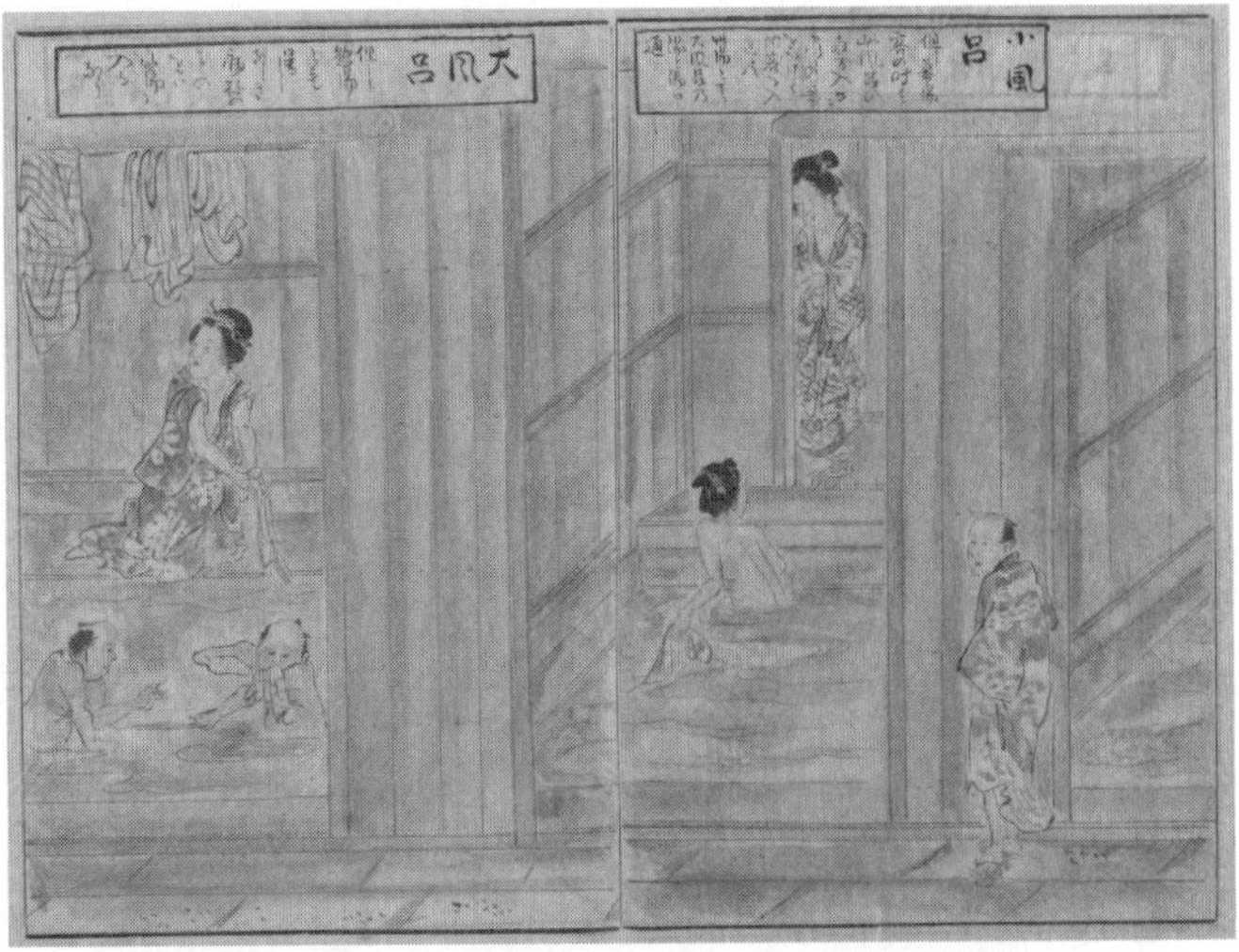

「七湯の枝折」で描かれた入浴図（絵・弄花＝国立国会図書館蔵）

ている。そこには湯治場内部の様子や、男女混浴の湯治を楽しむ人々が描かれていた。

第一巻は七湯の全図などの概要、第二～八巻は各湯治場の湯宿とその効能、周辺の名所旧跡の案内、第九巻は元箱根周辺の石仏群、第十巻では箱根権現・名産品が紹介される構成だった。

『東海道中膝栗毛』の作者として著名な十返舎一九も、文政五年（一八二二）に七湯めぐりの案内書『道了権現箱根権現七湯廻紀行文章』を刊行している。天保四年（一八三三）には七湯での湯治をテーマとする滑稽本『箱根山七温泉江之島鎌倉廻金草鞋』を刊行した。滑稽本とは、コミカルな読みもののことである。

鳥居清長の『箱根七湯名所』をはじめ、箱根七湯は浮世絵の題材としてもよく取り上げられた。初代歌川広重の『箱根七湯図会』、広重と三代目歌川豊国の『雙筆《そうひつ》七湯廻り』、二代目広重の『箱根七湯一覧』(団扇《うちわ》判)は土産物としても喜ばれた。

初代広重の場合、箱根七湯を取り上げた作品は浮世絵以外にもある。嘉永四年(一八五一)に、広重は友人たちと江の島や鎌倉を遊覧し、箱根七湯などを回った。その時の様子をまとめた作品が『武相名所旅絵日記』である。スケッチしたものを集め、翌五年(一八五二)には『箱根七湯図会』と題して刊行している。宿泊した湯宿福住の注文により、一枚ものの絵地図『七湯方角略図』も手掛けたが、これは湯宿を版元とする作品であった。

一連の七湯のガイドブック、七湯をテーマにした文芸作品そして浮世絵は、箱根の湯治場が人気観光地となっていたことをまさに物語っている。様々な媒体で取り上げられることで関心はより高まり、箱根への温泉旅行ブームを後押ししたのである。

箱根は文化人が集う場にもなっていた。七湯のなかで芦ノ湯は唯一の硫黄泉であることに加え、最も高地にあったため、江戸の文人たちの間では避暑地として人気があった。なかでも、文人墨客が好んで訪れたのが芦ノ湯にあった熊野権現内の東光庵薬師堂である。

芦ノ湯に滞在しながら、賀茂真淵や本居宣長などの国学者たちは東光庵に集い、句会や詩作、あるいは囲碁・将棋を楽しんだという。（『箱根温泉史』箱根温泉旅館協同組合、池上真由美『江戸庶民の信仰と行楽』同成社）

（4）仁義なき宿泊客争奪戦

旅籠の宿泊料と留女の活躍

冒頭で述べたとおり、交通網の整備は旅行人口の増加をもたらした大きな要因だが、宿泊施設の問題も視野に入れる必要があるだろう。宿泊施設の整備や充実も旅行人口の増加には不可欠だが、庶民はどんな宿屋に泊まっていたのか——。

参勤交代の大名などは宿場で最も高級な本陣や脇本陣に宿泊し、庶民の場合は旅籠屋か木賃宿《きちんやど》のどちらかに泊まるのが通例である。旅籠屋は食事付きの宿屋のことで、木賃宿は自炊スタイルの宿屋だ。木賃宿に泊まる場合は薪代《まき》を払い、米を購入して自分で飯を炊くことになる。

食事なしの木賃宿は一泊五十～六十文程度。それなりの風情だが（「東海道五十三次」一立斎広重＝国立国会図書館蔵）

宿泊代はどれくらいか。旅籠屋の場合は、幕府の方から上宿、中宿、下宿の三つにランク付けされていた。江戸中期の東海道の事例でみると、一泊二食付きで上宿の旅籠代は百七十二～三百文。中宿は百四十八～百六十四文。下宿は百七～百四十文となっている。およそ七千五百～二千七百円ということになる。ただし、これは基準額で、実際は前後する。食事なしの木賃宿は一泊五十～六十文（約一千二百五十～約一千五百円）であった。

旅籠の食事は飯、汁、香の物のほか、皿と椀が一品ずつ。皿は焼魚か煮魚、椀は野菜類の煮物というのが標準的な献立であった。一汁二菜だが、もう一品付いて、一汁三菜となる場合もみられた。

旅行人口の増加に伴い、旅籠屋の数は増えていったが、木賃宿も少なからず需要があった。雲助と呼ばれた人足や日雇《ひやとい》稼ぎの者などは格安な木賃宿を利用したからである。そのため、木賃宿は「御安宿」「雲助宿」などと呼ばれた。

旅籠屋には二種類あった。飯盛女を置かない「平旅籠」と、飯盛女を置く「飯盛旅籠」の二つだ。幕府は旅籠屋一軒につき飯盛女は二名が上限と定めたものの、上限を越えた旅籠屋が珍しくなかったことは先に述べたとおりである。

どの宿場でも客引き行為は激しかった。箱根七湯内部で申し合わせた禁止行為なども客引きに他ならないが、宿場での客引きの激しさが描かれた浮世絵といえば、何といっても広重の「東海道五十三次」のうち御油宿を描いたものだろう。サブタイトルは「旅人留女」。留女《とめおんな》とは客引きの女性を指す言葉だった。

二人の旅人が描かれていて、前側の旅人は首に掛けた風呂敷包みを留女に引っ張られて苦しそうな顔をしている。後ろの男も袖を別の留女に引っ張られて困惑するという滑稽な図柄だ。御油宿に限らず、宿場には留女が待ち構えていて、無理やり自分の宿屋に引き入

留女が強引にキャッチ。旅人は案外、うれしそう？——(「東海道五十三次・御油」歌川広重＝国立国会図書館蔵)

れる光景が日々繰り返されていた。
仕方なく泊まることになった旅籠屋では、頼みもしない酒肴を出してきたり、飯盛女を呼ぶよう勧めたりすることも珍しくなかった。留女自らが春を売る場合もあったという。しかし、懐の寂しい旅人にとっては迷惑この上ない。一日の旅の疲れを癒すどころではなかっただろう。

安心して泊まれる協定旅館制度が登場

こうした現状を受け、安心安全に宿泊できる旅籠屋の需要が高まる。それに応える形で登場したのが浪花組《なにわ》（天保十二年〈一八四一〉に浪花講に改称）である。

文化元年（一八〇四）に、大坂の町人で綿打器械の唐弓弦《とうゆみづる》を商う松屋甚四郎の手代源助が発起人となり、優良な旅籠屋を紹介・斡旋する組織浪花組が誕生する。甚四郎たちは商用で全国を回るなか、飯盛女を抱える旅籠屋に迷惑している行商人の姿を見て、飯盛女などに煩わされることなく安心して宿泊できる旅籠屋を提供する組織を立ち上げようと思い立ったのだという。

現在の協定旅館制度も登場。成田参詣の一行が持つ幟旗には「浪花講中」の文字（「諸人成田山参詣之図」＝国立国会図書館蔵）

この趣旨に賛同する旅籠屋には賭け事をする客、飯盛女を買う客、酒盛りをして声高で騒ぐ客は宿泊させないことを約束させた上で、浪花組に加盟させた。浪花組に加盟した旅籠屋に宿泊すれば、快適で安心な宿泊が約束されたわけである。加盟宿には目印の看板を掛けさせた。一連の規則に違反するなどの行為がみられた場合は、指定を取り消される決まりだった。浪花組加盟の旅籠屋の水準を落とさないよう目を光らせたのだ。

浪花組に指定された旅籠屋に宿泊したい場合は事前に浪花組に登録し、通し番号が入った鑑札（木札）を受け取ることになっていた。この会員証を旅籠屋に預け、宿泊したのである。

現在の協定旅館の走りとも言える浪花組のシステムは旅行者にも好評だった。これを受けて加盟する旅籠屋が増えはじめ、組織は拡大していく。全国で千八百軒を超えるまでになるが、浪花組に指定された旅籠屋はそれぞれの土地でも上等な宿だったという。

当初は行商人を対象としたシステムだったが、やがて商用以外の旅行者も宿泊できるようになる。それだけ、飯盛旅籠とトラブルになる観光旅行者も多かったのだ。

浪花組の発展に刺激を受け、天保元年（一八三〇）には同様の組織である「三都講」が誕生する。例えば、中山道御嶽《みたけ》宿では脇本陣の茶屋金右衛門、善光寺門前では脇本陣の藤屋平左衛門が三都講から優良な宿泊所として指定されている。安政二年（一八五五）には江戸町人の大城屋良助が「東講《あずま》」を設立し、東北や関東を中心に数多くの旅籠屋が加盟する組織となる。

このように協定旅館制度が設けられ、加盟する旅籠屋が増えていったものの、客引きが止むことはなかったのもまた事実である。先手を打つように、隣の宿場まで出かけて客引きをする事例も珍しくなかった。あまりに激しいあまり、旅人が持っている荷物や合羽が破損したり、喧嘩になったりする事例も絶えなかった。当然、クレームも入ったことだろう。

そこで、宿場側も旅人を強く引き留める行為、往来の妨げになる行為、旅人との喧嘩を禁止する申し合わせを行っている。しかし、旅籠屋にしてみると、生き残るには宿泊客の確保は不可欠であり、客引きを止めるわけにはいかなかった。こうした申し合わせは空文化していたのが実態である。

芝居見物とのパッケージ販売

旅行者の増加を受け、旅籠屋も大型化していった。

幕末の文久三年（一八六三）の東海道川崎宿のデータによれば、旅籠屋六十三軒の畳数は平均七十畳だった。百畳を越える旅籠屋も七軒あり、最高は百六十一畳である。江戸後期の東海道神奈川宿のデータからは、旅籠屋の部屋の数が判明している。五部屋の旅籠屋の数が最も多く、次いで三〜四部屋だが、二十一部屋を持つ旅籠屋もあった。

しかし、宿泊客が最も多かったのは何といっても江戸・京都・大坂の三都だろう。三都は観光地としての顔も持っていたが、京都・大坂の場合は全国からやって来る伊勢参宮の旅行者が立ち寄る都市でもあり、同様に旅籠屋の大型化が進んでいく。その上、大坂経由で讃岐の金毘羅《こんぴら》詣りや西国巡礼に向かう旅行者の宿泊を見込めたことも、旅籠屋の大型化に拍車を掛ける要因となる。

金毘羅詣りに便利であることをアピールするため、金毘羅行きの乗船場の近くに移転する旅籠屋まで次々と出てくる。大坂にやって来る旅行者の動向に合わせることで宿泊客を確保しようとした狙いが読み取れるだろう。

大坂にやって来た旅行者は名所旧跡もさることながら、道頓堀での芝居見物を非常に楽しみにしていた。芝居が旅程に組み込まれていたのは江戸の町も同じである。次章で取り上げるとおり、江戸にやって来た旅行者も堺町・葺屋町《ふきやちょう》や木挽町《こびきちょう》（後に浅草）での芝居見物を楽しみにした。

そのため、芝居見物の旅行者をターゲットとすることで宿泊客の確保を目指す旅籠屋が出てくるのは時間の問題だった。宿泊者には芝居見物の案内、つまりは便宜をはかると宣伝した旅籠屋もあれば、芝居見物の旅行者には宿泊料金を安くする旨の「引札《ひきふだ》」つまりチラシを配った旅籠屋もあった。芝居見物とのパッケージ販売だが、これもまた旅行者の動向に合わせた営業戦略だった。

旅籠屋は大型化に象徴される経営の拡大により利益の増加を目論む。また、新たに宿泊業に参入して営業を開始した旅籠屋も多く、宿泊客の争奪戦は熾烈なものになっていく。あの手この手を使いながら、全国各地の旅籠屋は旅行客の確保に努めた。これらは、まさしく生き残りのための手法だったのである。(深井甚三『江戸の宿』平凡社新書)

『旅行用心集』にみる旅のリスクマネジメント

前出の『旅行用心集』には旅行の所持品について取り上げた項目もある。そこでは、以下の物品を持っていくよう勧めている。

矢立、扇子、糸針、懐中鏡、日記手帳一冊、櫛と鬢付油《びんつけあぶら》、提灯《ちょうちん》、ろうそく、火打道

具、懐中付木《かいちゅうつけぎ》、麻綱、印判

懐中付木とは持ち運びのできる火付け道具のこと。麻綱は投宿した旅籠屋で荷物を括《くく》っておくのに便利とされた綱。印判は印鑑のことで、為替の際に用いるものだった。同書には挙げられていないが、笠や手拭いも必要だろう。

旅に持っていくと良い薬も列挙されている。腹痛や食あたりの時は「熊胆《くまのい》」「奇応丸《きおうがん》」「返魂丹《はんこんたん》」、便秘の時は「三黄湯《さんおうとう》」、切り傷や腫れ物、毒虫に刺された時は「油薬《あぶらくすり》」「白龍膏《はくりゅうこう》」「梅花香《ばいかこう》」。船や駕籠に酔った時の対応についての記述もある。

同書には道中で用心すべき注意事項として六十一箇条が収められていて、特に宿についての記述は詳細だ。宿に着いたら、その東西南北を確認し、家の造りや便所の場所、表や裏の出入り口を確かめるよう勧めているのは今も江戸も変わらない。

相宿についての注意事項もある。相宿になったら相手の様子を観察し、酒乱や変な様子があれば注意すること。旅先で道連れとなり信用が置けるように見えてもなるべく同宿はしないこと、食べ物や薬を互いにやり取りしないことなどを求めている。治安は良かったかもしれないが、旅には何かとトラブルが付き物だった様子が窺える。

旅費についての記述もある。道中で持ち歩く金銭は腹巻の財布に入れておき、一日に必要な金銭は別に懐に入れ、小出しに使うのが良い。小出しにする時は人目に付かないようにするのが肝心とも戒めている。

実際、道中では軽くて小さい高額貨幣の一分金や一朱金を携帯し、宿場などで低額貨幣の銭貨に両替して出費の際は銭で支払うのが通例だった。有り金を銭で持ち歩くとなると重くなってしまうからである。

『旅行用心集』には、全国の街道や各宿場の里程、関所も載せられている。現代の旅行ガイド本と同様のこうした案内書を見ながら、男女とも心うきうきと旅の計画を立てたのであった。

第二章

買い物、芝居――したたかな女性の旅

自由を謳歌する女性の姿が見える（「名所江戸百景・芝神明増上寺〈部分〉」歌川広重＝国立国会図書館蔵）

（1）急増する女性たちの旅行

往来手形で宿屋も紹介

旅行人口増加の要因をみていく上で、家庭に閉じこもりがちというイメージが強い江戸の女性たちの動向は外せない。男性だけが旅行していたわけではない以上、女性たちのグループでの旅行が旅行人口増加を牽引したことは容易に想像できる。

しかし、女性の旅行は男性に比べると、幕府から強い規制が掛けられたのもまた事実である。特に江戸を出ていく形で旅行する場合は、関所での厳しいチェックが待っていた。

「入鉄砲《いりでっぽう》に出女《でおんな》」というよく知られた言葉がある。江戸に鉄砲が運び込まれることに加え、諸大名の妻女が江戸から出るのを幕府が非常に警戒した言葉だ。前者は軍事力による謀反の動き、後者は諸大名が妻女を脱出させて謀反を起こす動きへの危惧を指している。

参勤交代制度により、諸大名は妻女や世継ぎを江戸屋敷に置くことが義務付けられた。幕府にしてみると、人質に取ることで諸大名の叛逆を防ぐ狙いがあった。参勤交代制度は

時には馬や駕籠に乗る女性旅（「東海道五十三次・鳴海」歌川広重＝国立国会図書館蔵）

幕府による諸大名統制の根幹であり、その妻女が国元に戻ろうとする動きには神経を尖らせる。おのずから、幕府が各地に設けた関所でのチェックは厳しいものになったが、関所の数は全国で五十カ所以上にものぼった。

当然ながら、密かに国元に戻ろうとする際には大名の妻女であることを隠す。変装が疑われる以上、女性であればすべてチェックの対象とせざるを得なかった。

江戸からの旅だけでなく、また、男性・女性の区別なく、領外への旅に出る場合、必ず携帯した手形があった。身元証明書とも言うべき「往来手形」である。

往来手形は寺請《てらうけ》制度に基づいて主に檀

那寺が発給した。当時は身分の別にかかわらず、すべての者がいずれかの寺院の檀家（檀那）となることが幕府から義務付けられており、その檀那寺が身元を証明する仕組みであった。これを寺請制度という。

このシステムに基づき、檀那寺は往来手形を発給した。往来手形は「道中手形」とも称され、幕府が設けた関所だけでなく、諸藩が領分境に設置した番所を通過する際にも提示することになっていた。

番所では、物資の移出入を制限あるいは禁止する場合もあった。物資の移入を許す際には口銭を徴収することもみられたが、これは関税のようなものである。

檀那寺が発給する往来手形には、手形を所持して旅行する者の住所と名前、属する宗派、伊勢参宮といった旅の目的に加え、関所（番所）を無事に通過させて欲しい、旅先で病死などの場合はそちらの風習に従って処置して欲しいなどの旨が文面に盛り込まれるのが普通だった。

宿泊に困った時、その土地の名主や宿場の問屋に往来手形を見せると宿を世話してくれた。病気や死亡した場合も、手形があれば故郷に連絡が付いた。幕府発行の「関所手形」を持たない場合でも、身元は証明されているので、宿泊した関所近くの旅籠などが関所手形を代わりに作成することは可能だが、女性の場合、手形の代筆は無理であった。

旅先で死亡した場合はその土地に葬られ、病気の場合は故郷へ送り届けられるシステムも整えられていた。享保十二年（一七二七）に布告された幕府の触れによれば、旅人が病気になった場合はその土地の役人が立ち会い、医者に見せて十分に療養させること、国元に帰りたいと希望すれば、街道筋の宿場や村の責任をもって故郷の町や村まで送り届けることになっていた。リレー方式で逓送《ていそう》されたが、その費用を病気の旅人が負担できない場合は逓送にあたった宿場や村が負担する定めだった。

発給手続きが面倒な関所手形だったが……

領外へ出て関所を通過する場合は、別の手形を幕府に申請して発給を受けることが必要とされた。「関所手形」である。

往来手形に比べると、その発給はたいへん厳格で、特に女性には厳しかった。女性や怪我人・死人・不審者は関所手形なくして通過できないのが原則だった。鉄砲などの武器を通過させる場合も同様だ。

女性用の関所手形（「女手形」ともいう）は、申請者の居住地域を管轄する機関などが発給の事務にあたった。江戸の町人ならば江戸町奉行所。幕府直轄領の領民は代官所である。他領の領民なら支配する大名や旗本で、その場合、申請はその大名や旗本が幕府に取り次いだ。

以下、江戸の女性（町人）が関所手形を発給されるまでの流れを追ってみよう。

当初は申請者が住む町の名主が「留守居」に直接申請し、手形の発給を受けていた。留守居とは旗本が任命される役職で、江戸城大奥の取り締まりと、城門通行証の発行を任務とした。そのため、関所手形は「御留守居証文」とも呼ばれた。

だが、申請者の増加に伴い、留守居の手に負えなくなる。早くも万治二年（一六五九）には、業務が江戸の南北町奉行所に事実上移管された。

それだけ、女性たちが旅に出かけるようになっていたことが窺える。そしてこれを機に、町奉行所が町名主からの申請をまとめて留守居のもとに届け、一両日中に発給されるシステムに変更される。形の上では留守居が発給することに変わりなかったが、事実上、町奉行所による発給に改められたため、手続きは迅速化される。奉行所に出頭して手形を受け取れば、そのまま旅立つことができた。

しかし、女手形発給の手続きは非常に面倒であった。

長屋住まいの女性の場合は家主（大家）が作成した町名主宛ての申請書をもとに、町の取りまとめ役だった町年寄がその女性を調べている。その後、町年寄側で改めて奉行宛ての申請書を作成し、関係者が署名捺印。それから奉行所に提出というたいへん煩わしいものだった。

発給された手形の内容も、身元、出発地と行先、どの関所を通過するのかはもちろん、髪型、妊娠の場合はその妊娠月、容姿に特徴があればその旨も記された。本人確認の際の重要項目にするためである。そして末尾に、手形発給の年月日、発給者たる留守居たちの署名と捺印がなされた。

したがって、発給までにはどうしても時間を要した。その事務は渋滞しがちであったが、これを問題視したのが八代将軍吉宗である。吉宗が速やかに関所手形を発給するよう関係者に命じたことで、従来よりも容易に、かつ早く発給されるようになった。ところが、それが新たな大問題を招いた。

旅行に出たい女性からの申請がどっと増えたのだ。江戸の町を預かる名主たちもあまり調べもせず申請を次々と取り次いだことも、その傾向に拍車を掛けたが、裏では金銭が動いていた。名主にしてみると、手数料のようなものだった。

そのため、奉行所の処理能力を超える申請書が持ち込まれてしまう。町奉行所は入念に調査して申請書を作成するよう名主に求めたものの、さほど効果はなかった。その後も申請件数は減らない。行政の対応が追い付けないほど、旅行したい女性が増えていたことが改めて確認できよう。

男性の場合は、女性とは異なり関所手形を特に必要とはしなかった。往来手形を関所で見せれば、不審な点がない限り通過できたが、面倒を避けるため、手形の代わりに名主などが発給した証文、関所近くの旅籠などが作成した手形を携帯するのが通例である。その手形は女手形と異なり、「伊勢参宮のために関所を通過させて欲しい」などという文言のみで、実に簡略な文面だった。

関所手形はただ見せるだけでなく、関所を通過する度に提出したため、複数の関所を通過する場合は、宛名のみ異なる同一文面のものを関所の数の分、用意する必要があった。

往来手形とは異なり、留守居発行の関所手形は手元には残らなかった。この手形は関所から留守居に年二回返送され、手形の発行数と実際に通過した人数がチェックされることになっていた。

（2）関所という難関と袖の下

そもそも箱根関所での取り調べとは

では、故郷を出発した女性旅行者が関所を通過する様子を、幕府が設けた関所のシンボルとも言うべき箱根関所を事例にみてみよう。

復元された建物が立つ場所に関所が設けられたのは、元和五年（一六一九）頃と伝えられる。箱根峠を越えるルートである箱根路のなかでも、屏風《びょうぶ》山が芦ノ湖畔に迫るという非常に狭まった場所に関所は置かれていた。

箱根の関所を管理したのは幕府ではない。小田原藩に業務が委任されていた。幕府が近隣の諸藩に関所の業務を委託した事例は少なくないが、箱根の場合、関所役人とは要するに小田原藩士であった。

小田原藩からは伴頭《ばんがしら》、横目付、番士、足軽が常駐し、勤務に就いた。勤務は一カ月交代で、毎月二日が交代日だった。

関所のトップは伴頭である。横目付はその補佐役で、関所業務の監査役でもあった。番士は手形の改めや通行人検閲などの実務を担った。足軽は関所の日々の掃除や柵《さく》の点検補修を担当した。

小田原城下から交代でやって来る役人のほかに、関所近くに住み職務にあたった役人もいる。これを定番人という。身分は番士の下だが、実務に通じていたことから関所の運営には無くてはならない存在であった。

関所には四つの番所が置かれた。大番所、足軽番所、外屋番所、遠見番所の四つである。大番所には、伴頭・横目付・番士・定番人が羽織・袴姿で着座した。大番所に向かい合う形で立つ足軽番所には足軽が詰め、旅人の監視にあたった。外屋番所も同じである。遠見番所は裏山に設けられ、山越えあるいは芦ノ湖を船で関所破りを企てる者を監視した。同じく足軽が監視役を務めた。

関所の東側には江戸口御門、西側には京口御門が設けられた。門前の広場は「千人溜り」と称され、待合場となっていた。ここで、旅人は関所役人による呼び入れを待ったのである。

東西両門は午前六時に開門し、午後六時に閉門した。旅人は箱根山麓の小田原宿もしく

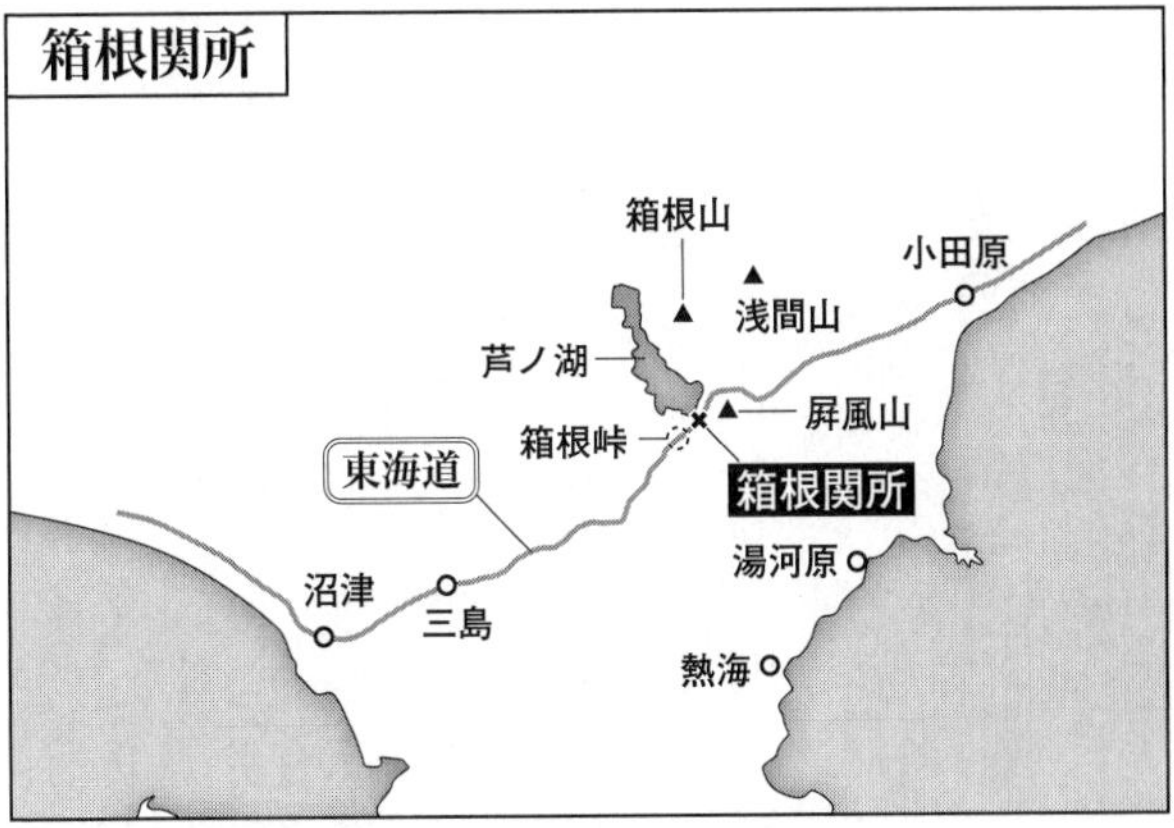

は三島宿から山道を経由して関所に向かい、どちらかの門をくぐることになる。
関所での取り調べ方法については、六代将軍家宣《いえのぶ》の時代にあたる正徳元年（一七一一）に幕府の道中奉行から次の主旨の五箇条が箱根関所に示されている。

①関所での取り調べでは、笠や頭巾を取らせる
②駕籠に乗った者は、戸を引かせて駕籠の中を確認する
③出女は詳細に証文（関所手形）と照合する
④手負いの者、死人、不審者は証文なくして通過させない
⑤公家や大名は、事前に通告があれば取り調べる必要はない

①の笠や頭巾を取らせるとは、女性が男装していないかどうかを確認するためである。深編み笠姿の虚無僧《こむそう》も、関所では笠を取って顔を見せなければならなかった。

②の駕籠の中を確認するとは主に参勤交代の大名を念頭に置いた指示だが、たとえ大名でも駕籠の戸を引いて姿を見せる必要があった。

③は女性が通過する場合の対応だが、提出させた関所手形（「証文」）の内容と違うところがないか詳細に確認するよう指示している。

④は文字どおり、通過させない者の原則を明示したものである。

⑤は公家や大名が通過する際の例外措置であった。事前に通告があれば前もって取り調べを済ませておき、検査なく通過させるよう指示している。

人見女と「袖元金」の相場

関所で女性の取り調べにあたったのは、男性役人ではない。関所が雇った「人見女」と呼ばれる女性である。

箱根関所の場合、管理を委託されていた小田原藩の足軽の母や妻が人見女を務めた。年配の女性であることが多く、「改め婆」とも呼ばれた。定員は二名だった。

女性の場合は、江戸から出ていく「出女」と江戸に入る「入女《いりおんな》」があるが、いずれの場合も取り調べは以下の手順で進められた。

まず、女性旅行者が伴頭たち関所役人の前に進み出て、関所手形を差し出す。文面を一読した役人は、取り調べを人見女に命じる。人見女は、関所手形に記述された容姿の特徴を中心に本人確認を行った。髪を解いて調べることも慣例化していた。取り調べの結果、本人に間違いないと人見女が役人に報告すると、晴れて関所通過の許可が下りた。

人見女が関所通過の決定権を事実上持っていたため、本人とは断定できないと報告されてしまうと一大事だった。関所を通すことはできないと申し渡され、手形を作り直してくるように命じられることになる。前述のように特に出女の改めは、入女に比べて厳しかった。

関所を通過できるかは人見女の「さじ加減」次第なのであり、その心証を悪くすると、手形を作り直すため家まで戻らなければならない。往復の日数も旅費も掛かるが、作り直した手形を差し出しても、また心証を悪くすれば同じ結果となる危険性もあった。

身分の高い武家の妻女となると、最下級の武士である足軽の妻に着物を脱がされて身体検査をされたり、あるいは髪を解かれたりされること自体に強い抵抗感があった。抵抗感というより、嫌悪感と言った方が正確だろう。相手が女性であっても、このような身体検査などに嫌悪感を持つ心情は、身分の上下にかかわらず、すべての女性が共有していたはずだ。

こうして、袖の下を使って人見女の心証を良くしようという女性が続出する結果となる。取り調べの前に人見女に差し出す金銭は、「袖元金」と称された。

袖元金が差し出されると、人見女は髪を解く格好をするだけで取り調べを終え、何も不審な点はないと報告する。人見女への袖の下が慣例化していくのは自然の成り行きであった。

いつしか、袖元金の相場も生まれる。

庶民階級の女性ならば最低二百文、上級身分の女性となると金一朱。どちらも五千円か六千円ほどだが、庶民の女性にとっては決して少なくない出費だ。しかし、手形を作り直す手間や往復の旅費を考えれば安い出費だった。

幕府も、袖元金という名の謝礼の授受があったことは分かっていた。当然、取り締まりをはかるが、この慣行をなくすことはできなかったのである。

代行発給も盛んだった関所手形

袖元金次第ではあったものの、出女の取り調べがゆるくなった以上、江戸へ向かう入女や男性の取り調べなどは推して知るべしだった。男性の場合に至っては身元を保証してくれる村や町の名主や大家、ゆかりのある者が作成した関所手形を提示し、関所側も不審な点がなければ通過させていたのが実態だ。

名主が作成した手形でなくても、関所手形として通用した事例さえある。前述したように宿泊した旅籠屋が代金を受け取って作成していた。江戸の小伝馬町の旅籠屋が作成した手形で箱根関所を通過した事例まである。関所近くの宿場の旅籠屋でなくても、宿泊者であるとして身元保証人になれたことが分かる。

ついには、関所手形がなくても通過させる事例も出てくる。

住所や故郷の名主の名前などを答えさせ、風体や荷物にも怪しいところがなければ通過させている。関所側としても、一日に大勢の旅人の取り調べを済ませなければならない以上、不審な点がなければ通過させてしまったわけである。

男性だけではない。さすがに出女は無理だったが、入女ならば手形がなくても行先を申し立てさえすれば、箱根関所さえも通過できたという。

もちろん、不審な点があれば通過させなかった。頰被りをしている者、手足に膏薬を貼り付けた者、歩き方が不自然な者、傷を負っている者などは入念に取り調べている。

関所破りと関所抜けが横行

関所は必ず通過しなければならなかった。だが、山越えなどの手段を使って関所を避けて通ろうとしたことが露見すればどうなるのか。

関所破りは大罪である。関所近くで磔《はりつけ》に処せられた。抜け道を教えた者、案内した者も同罪だった。

なぜ、関所破りを犯してしまうのかといえば、関所手形を所持していないからである。関所手形の発給には手間や費用も掛かる。手形を関所に持参しても、女性の場合は人見女による身体検査がある。髪も解かれる。

そのため、関所を通らず抜け道を通ろうとする女性旅行者は絶えなかった。見つかれば厳罰に処せられるが、それでも関所破りはなくならなかった。

関所破りの場合、旅行者単独ということは少ない。宿場の旅籠屋などで知り合った案内者が同行していた。見知らぬ土地である以上、案内者に先導してもらった方が安全である。案内賃が必要だったのは言うまでもないが、宿場近くの旅籠屋には関所破りを勧める者が出入りしており、女性たちは金銭を支払って関所での検査を避けていた。

こうして、案内賃を支払って関所破りすることが女性旅行者の間では珍しくなくなり、関所の有名無実化も進行していく。箱根関所とて例外ではなかったが、旅行人口の増加がその傾向に拍車を掛けたことは容易に想像できる。

いわば合法的に関所を回避する「関所抜け」という方法もあった。回り道や道順を変えることで、箱根関所を通過せず目的地に向かうのである。

出女ではなく入女という立場で帰路の関所を通過する方法も取られた。一例を挙げると、東北地方の女性が伊勢参宮をしたい場合、江戸に出てから東海道経由で向かうとなると、箱根の関所を出女として通過せざるを得ない。しかし、行き

関所破りには厳しい「仕置き」が決まりだが——(「御仕置例類集」＝国立国会図書館蔵)

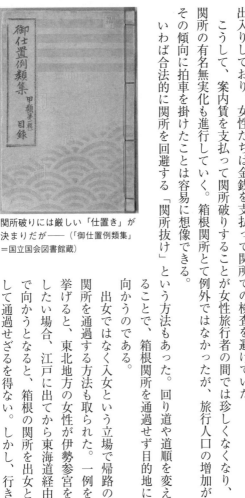

は江戸に出ず、日本海に沿って伊勢に向かい、帰りは東海道に道を取って江戸に向かえば入女であるから、検査はゆるやかであった。いずれの場合も裏で金銭が動いた。

こうした事実を踏まえれば、関所での厳しいチェックが待っていたはずの女性たちの旅行が活発だったことは何の不思議もない。実はゆるかった関所の実態が、女性に限らず旅行人口の増加を後押しする結果をもたらしたのである。（金森敦子『江戸庶民の旅　旅のかたち・関所と女』平凡社新書）

（3）女性七人、男性一人の旅日記

名所めぐりに一カ月以上

こうして旅行は女性にも身近なものとなっていった。とは言うものの、そう頻繁に旅行に出かけられたわけでもない。となれば、各地の観光名所を効率良く回りたいと思うのは当然だろう。このことは女性に限らず、男性にもあてはまるのは言うまでもない。

その結果、目的地を目指してひたすら歩くのではなく、途中にある著名な寺社や名所旧跡を回りながら旅行するのが普通となる。

江戸時代最大の旅行先である伊勢神宮への旅も同様である。どこにも立ち寄らずに伊勢神宮に向かい、参詣が済めばそのまま故郷に直帰する事例は稀だった。

伊勢参宮に出かけた庶民の旅日記からは、実に各地の名所を精力的に回っている様子が浮かび上がってくる。特に関東や東北など東国人が伊勢参宮をする場合は、その旅程に江戸見物や関東・東海の寺社参詣が組み込まれることが多かった。

在所を出発すると、まずは江戸への旅路の途中にある日光東照宮、鹿島神宮、香取神宮、成田山新勝寺などを参詣した。江戸に到着して名所見物を楽しんだ後は、東海道を経由して鎌倉、江の島を遊覧している。大山詣りの大山寺や富士山にまで足を伸ばす事例も珍しくない。再び東海道に出て西に向かうが、そのまま伊勢に向かったのではない。寄り道して、駿河国の久能山東照宮あるいは遠江国の秋葉神社に参詣することもあった。秋葉神社は火伏せの神を祀る神社として知られていた。

尾張国の宮宿からは七里の渡しで伊勢国の桑名宿に直行するのではなく、名古屋に出て名古屋城を見物するのが習いだった。その後、佐屋路を進んで佐屋宿で木曽川を下り、東海道桑名宿に向かった。次の四日市宿を出ると、追分で伊勢街道に道を取り、本来の目的地、伊勢神宮に到着する運びとなる。

参詣後は奈良、京都、大坂、あるいは西国札所などの畿内の名所を回った。その後、ようやく帰途に就くが、東海道ではなく中山道に道を取ることが多い。信濃の善光寺に参詣するためである。善光寺参詣後、ようやく在所に戻っている。

一カ月以上の長期旅行となってしまうことは一目瞭然の行程だが、伊勢参宮に限らず、東国を起点とする旅行では江戸をはじめ関東各地の名所を回ることはごく当たり前であった。以下、女性たちが連れ立って江戸や関東各地を周遊した事例を紹介しよう。

ふさが残した八人旅の記録

ペリー来航の四年前にあたる嘉永二年（一八四九）二月九日、二本松藩領（藩主丹羽家）の陸奥国安達郡白岩村（白沢村を経て福島県本宮市）で神主を務める国分紀伊守という男の妻ふさ（四十七歳）が一カ月にわたる旅に出発する。女性七人、男性一人の八人旅であったが、男性が同行したのは荷物運びと道中の安全のためだろう。

ふさが残した旅日記から、八人旅の行程を追ってみよう。

白岩村を出立した八人は関東に入ると、鹿島神宮、香取神宮、成田山新勝寺に参詣して

左奥の湯島天神を望む会席。ふさ一行八人も立ち寄ったか（「江戸高名会亭尽」＝国立国会図書館蔵）

いる。そして江戸に向かい、市中の名所を回った。その後、東海道を西に向かった八人は多摩川を渡って川崎大師に参詣し、鎌倉や江の島も訪れている。その後は、再び東海道に出て江戸に戻った。また江戸見物を楽しんで帰路に就くが、直帰したのではない。筑波山や日光に立ち寄った後、故郷の白岩村に戻っている。三月八日のことであった。

江戸では亀戸《かめいど》天神・浅草観音・寛永寺・湯島天神・神田明神・富岡八幡・泉岳寺・目黒不動・山王権現・愛宕山《あたごやま》・増上寺・芝神明宮を訪れた。領主丹羽家の江戸藩邸も見物している。地方から江戸に出てきた領民が、「おらが殿様」の屋敷を見物することは珍しくない。
江戸滞在中、ふさたちは名所見物に勤《いそ》しんだだけでなく、芝居見物と買い物にまるまる一日ずつ充てている。女性の団体旅行ならではの特徴と言えよう。芝居は高級席の桟敷席で観覧し、買い物は大丸、越後屋（三越）など日本橋の大店《おおだな》で楽しんだに違いない。（『白沢村史』資料編）
一方、西国人が東に向かう場合は、江戸や関東の寺社を訪れる事例はあまりない。京都、大坂、奈良などの畿内の都市に比べれば江戸は歴史の浅い新興都市である上、関東の寺社は畿内に本山や本宮を持つものがほとんどだったからだ。西国人としては、わざわざ江戸や関東まで足を伸ばす気持ちにはなれなかったようである。
ただし、善光寺への関心は強かった。東国へ旅する場合、善光寺まで足を伸ばす事例は非常に多かった。善光寺への参詣を済ませると、そのまま故郷に戻っている。（山本光正『江戸見物と東京観光』臨川書店）

代表的な観光コースと、二百五十文の案内人

現在残されている庶民の旅日記からは、女性も実に多くの観光地を回っていたことが分

かる。そして、効率よく回るには旅行案内書で紹介されたコースに従うのが安全である。これは今も江戸も変わりはない。

次章でみるように観光都市化していた江戸では、名所をめぐるコースが設定されていた。その刷り物まであった。イラスト付きの『江戸見物四日めぐり』はその一つである。江戸の場合、旅籠屋は馬喰町《ばくろちょう》（現中央区日本橋馬喰町）に集中していて、そこを起点に江戸の観光名所を東西南北に分け、四日で歩いて回れるとした刷り物だった。その四つのコースとは以下のとおりである。

南の方面＝堺町・葺屋町（歌舞伎小屋が所在）→日本橋→和田倉門→外桜田門→霞が関→山王権現→虎ノ門→京極家屋敷内の金比羅社→増上寺

西の方面＝大伝馬町→大手門前→昌平橋→神田明神→湯島天神→不忍《しのばず》弁天→東叡山寛永寺→根津権現→日暮里→王子

北の方面＝浅草御門→浅草寺→吉原→木母寺《もくぼじ》→新梅屋敷→向島→大川橋

東の方面＝両国橋→回向院《えこういん》→永代橋→深川（富岡）八幡→亀戸天神

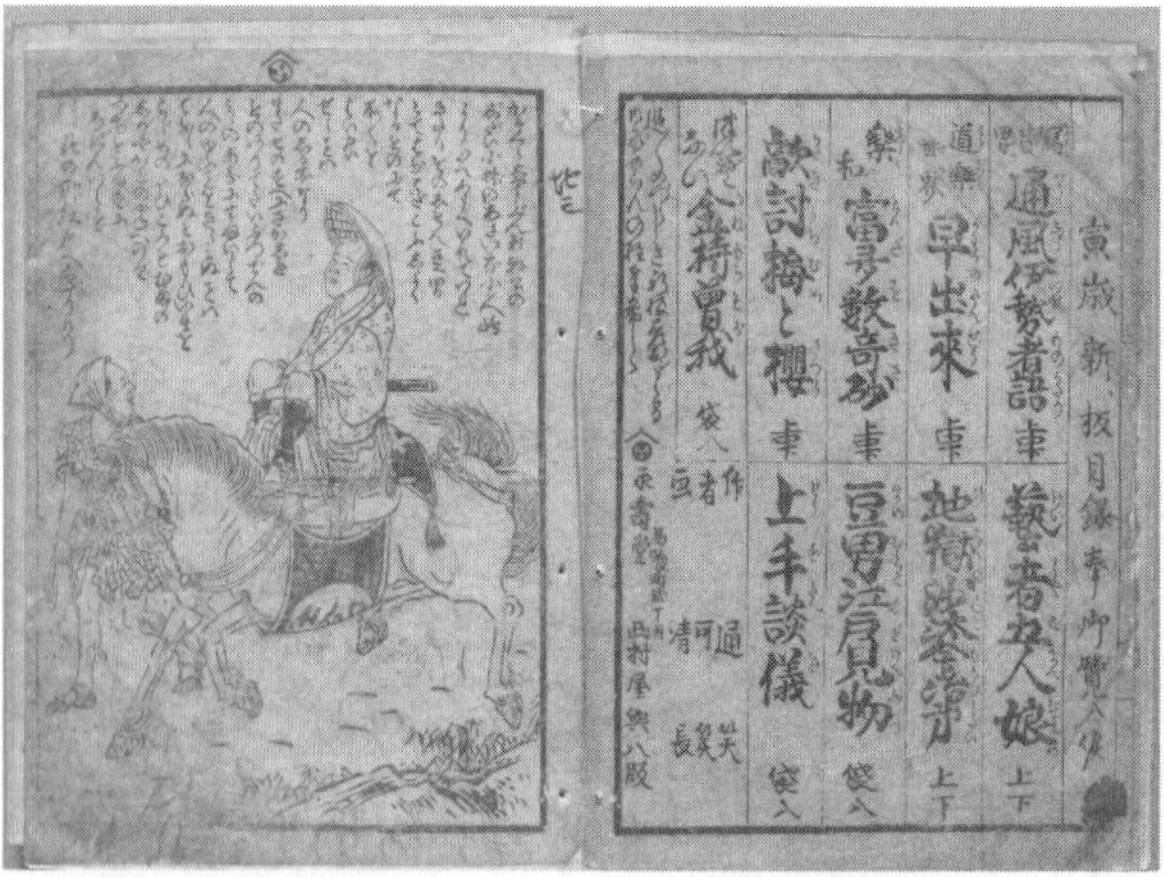

絵入りの江戸観光案内書（「豆男江戸見物」西村屋与八刊＝国立国会図書館蔵）

江戸観光案内の一覧絵図を作成し、宿泊者に配布した旅籠屋まで現れる。

馬喰町一丁目の旅籠屋刈豆屋茂右衛門は『従馬喰町江都見物名所方角略絵図《ばくろちょうよりこうとけんぶつめいしょほうがくりゃくえず》』という案内図を作成し、同じく馬喰町を起点に江戸の観光名所を回る際の便宜をはかっている。そんなサービスの裏には、江戸見物にやって来る宿泊客を増やしたい意図も当然秘められていただろう。

こうした案内図は効率よく観光名所を回るには不可欠なツールとなっていた。しかし、ガイドブックだけでは不充分だったのもまた事実である。実際にガイドしてくれる案内人が必要で、ガイドの助けがあってはじめて効率よく回ることができたのが実情だった。そもそも地理不案内である以上、案内人なしに観光を楽しむのは難しかった。

案内人は、宿泊する旅籠屋から斡旋されることが多かった。旅籠屋専属の案内人までいた。

案内料は時代によって違いはあるものの、江戸の場合は日中で二百五十文（六〇〇〇円余）が相場だったようで、地方の旅籠屋の宿泊料と同じくらいの価格だった。ちなみに、夜のガイドは百三十文で、昼夜込みの料金設定もあった。

一見、高いように見えるが、これは一人当たりではなく一組当たりの案内料である。団体旅行ならばタクシーの相乗りのように頭割りの計算となり、一人当たり数十文のレベルに過ぎなかった。さほどの出費ではなかったため、江戸に限らず観光名所めぐりの際は案内人を頼むのが通例となっていた。必要経費としては、むしろお得だったと言えよう。

こうした案内人は、京都・大坂・奈良・高野山・鎌倉などの観光地にはかなりいたらしく、奈良の場合は七十人もいたという。

鎌倉では地元の農民がガイドにあたったが、とりわけ農閑期には割の良いアルバイトとなっていた。

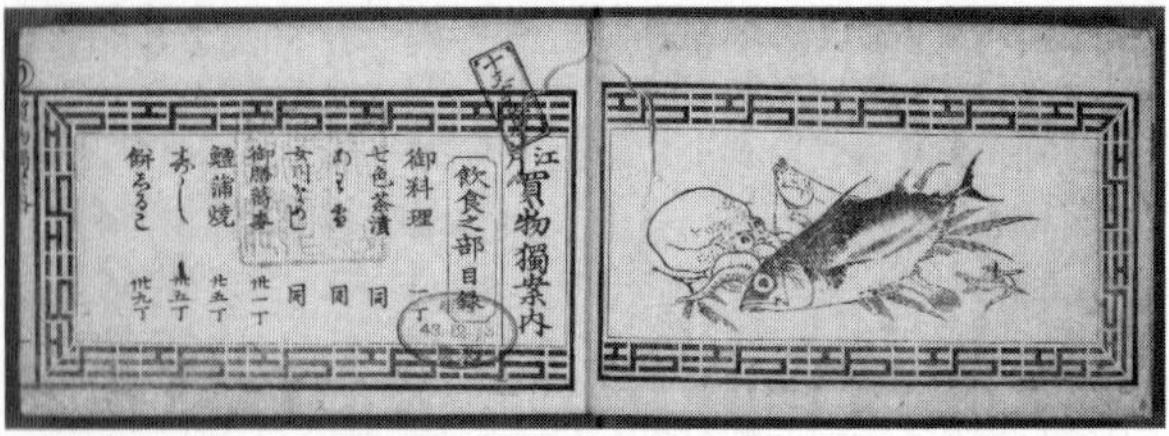

江戸全域を網羅した買物案内書（「江戸買物独案内」＝国立国会図書館蔵）

『江戸買物独案内』で土産を買う

元禄期以来の旅行ブームを受け、『旅行用心集』のような実用書から『江戸見物四日めぐり』などの観光マップに至るまで、実にバラエティーに富んだガイドブックが出版された。江戸で店を構える各種商人の名鑑『江戸買物独《ひとり》案内』もそのひとつである。

文政七年（一八二四）に刊行されたこの『江戸買物独案内』は、江戸全域をカバーした買い物の案内書である。上・下・飲食之部の三冊からなり、上に一一一四店、下に一二五八店、飲食之部には一五一店が収録されている。合計二五二三店。

同書ではイロハ順に業種が配列され、業種ごとに各店の名前、住所などが個々に掲載されるスタイルが取られていた。乾物を買いたい時は「か」の部、呉服物を買いたい時は「こ」の部を繰り、そこで紹介されている店のなかから目星を付けるわけである。

その序文によれば、江戸の町は余りに大きく、どこにどんな店があるか分からない。よって、商品の購入にあたって便利なように、同書は刊行されたのだという。

地方から世界最大級の百万都市江戸に出てきた旅行者にしてみると、商品に限らず、どこに何があるのか分からないのが正直なところだったろう。そのため、事前に観光案内書に目を通し、ガイドに案内料を支払うのが定番となっていた。そうした事情は買い物にもそのままあてはまる。

『江戸買物独案内』は、ショッピングにはたいへん便利な優れものだった。奥州からはるばる江戸にやって来た前述の国分ふさたちも目を通していたかもしれない。旅行者だけでなく、江戸に住む者にとっても便利なガイドブックであったはずだ。

買い物には、当然ながら故郷への土産物も含まれる。江戸土産としては浅草海苔などの食べ物のほか、参詣した寺社の守り札や錦絵が選ばれることが多かった。錦絵のなかでも江戸の名所を描いた名所絵の人気は高かったが、カラフルな江戸土産を受け取った者が江戸への旅情を誘われたことは想像に難くない。

江戸にやって来た女性旅行者が楽しみにしていたのは買い物だけではない。国分ふさたちの事例でみたように、買い物と同じくまるまる一日を充てた芝居見物も楽しみだった。

当時、女性に大人気の芝居が定期的に興行されたのは江戸や大坂だけであり、江戸見物の際に芝居の観覧を組み込むのはお決まりのパターンとなっていた。

現代と同様、女性たちは旅先での飲食はもとより、土産物を含めた買い物、そして芝居に代表される娯楽を大いに楽しんでいた。そんな消費行動も内需依存の江戸経済を活性化させた要因だったのである。

第三章

大江戸、人気観光地となる

今と変わりがない浅草雷門前の賑わい（「浅草雷門前〈部分〉」歌川広重＝国立国会図書館蔵）

（1）幕府による観光地開発

江戸名所の誕生と江戸名所図会の刊行

観光地といえば、歴史の重みを感じさせる場所が人気なのは、今も江戸も同じである。江戸の頃も畿内では京都・奈良、関東では鎌倉が代表的な観光地として大勢の旅行客を集めていた。

一方、先に触れたように畿内の都市に比べると歴史が浅い新興都市の江戸は、観光地としての魅力に元来不足したのは否めない。そのため、西国人が東国への旅行で江戸見物を旅程に組み込むことはあまりなかった。

しかし、江戸が世界最大級の人口を誇る百万都市として発展を遂げ、さらに将軍のお膝元としての歴史を重ねていくと、特に地方から羨望の眼差しが向けられるようになる。国内最大都市としての賑わいに興味を惹かれたのだ。その歴史や自然景観ではなく、エンターテインメントとしての華やかな世界に強い関心が寄せられたのである。

やがて、百万都市の魅力に惹《ひ》かれた地方の庶民が江戸を旅行先に選ぶようになり、あるいは江戸見物を旅程に組み込むことで、江戸の観光地としての歴史がはじまる。観光客が増えることで江戸にも観光名所が次々と生まれるが、歴史を感じられる他の観光地とは違って、現代風に言えば都市型観光の性格が色濃かったのが特徴と言えよう。都市に宿泊して神社仏閣のような歴史遺産を訪ねるだけでなく、芝居に象徴される芸能や娯楽文化、そして飲食や買い物を楽しむ観光旅行のスタイルだったのだ。

旅行ブームの到来を受けて、全国の名所旧跡や神社仏閣を文章や絵で紹介するガイドブックも数多く出版された。一連のガイドブックが旅情を誘い、旅行人口増加を促進した。当然、江戸の名所を紹介するガイドブックの刊行もはじまる。

その初期の代表作としてよく挙げられるのは、寛文二年（一六六二）に刊行された浅井了意の『江戸名所記』である。全八十カ所の名所が紹介されていて、寺社に加えて芝居小屋や吉原が取り上げられているのは興味深い。エンタメな世界を提供する芸能や娯楽施設が、江戸を代表する観光名所として認識されていたことが確認できる。

その後も延宝五年（一六七七）に菱川師宣《ひしかわもろのぶ》の挿絵入りの『江戸雀』、享保十七年（一七三二）には地図が豊富に付けられた『江戸砂子《すなご》』が刊行され、ガイドブックの内容は、より深化する。ガイドブックというよりも、江戸の地誌書と言った方が正確かもしれないが、こうした出版メディアに取り上げられることで江戸は地方の庶民にとって憧れの観光地となっていく。

天保年代（一八三〇～四四）には、神田雉子町《きじちょう》の名主斎藤家により江戸のガイドブックの集大成とも言うべき『江戸名所図会』が編纂刊行された。それまでのガイドブックは記述が中心で、絵はあくまでも挿絵という構成だったのに対し、同書は図版重視の内容であったため人気を博す。天保五年（一八三四）に前編十冊、同七年（一八三六）に後編十冊が刊行され、取り上げられた名所は一〇四三カ所にものぼった。

桜の名所・飛鳥山の「矢取り女」

江戸は新興都市であるため歴史を売りにするような名所に乏しかったわけだが、江戸中期の享保期（一七一六～三六）に入ると、幕府は自然景観を活用した名所を造成しはじめる。時の八代将軍徳川吉宗がそこで果たした役割は大きかった。

既に江戸は巨大都市に成長していたが、都市化が進展する過程で江戸庶民は身近な自然を失い、日常生活のなかで触れ合うことが難しくなる。したがって、江戸近郊の景勝地を

飛鳥山の桜。将軍吉宗も酒宴を催した（「江戸名所図会」＝国立国会図書館蔵）

訪れることで自然を味わった。

そうした景勝地が人気スポットとなってガイドブックにも取り上げられると、観光名所化していく。吉宗の時代に入ると江戸庶民で賑わう場所が新たに生まれた。吉宗が桜の植樹を命じた隅田川堤（墨堤ともいう）や飛鳥山に代表される、人工的に造られた観光名所の数々である。

当時は桜の花見の季節になると、江戸庶民は現在上野公園となっている寛永寺の境内に繰り出していた。今も花見の時期になると、上野公園内は花見客でいっぱいとなるが、花見となれば飲食が付き物である。酒が入ると、その勢いも手伝って、度が過ぎることも少なくなかった。

将軍の墓所も置かれた寛永寺境内での騒ぎは幕府にとって頭の痛い問題だった。そこで、吉宗は一計を案じる。そもそも、江戸の町に遊楽地が乏しいことに原因があるとして、桜の名所を造成しようと思い立つ。

享保二年(一七一七)から江戸東郊の隅田川堤への桜の植樹を開始していたが、同五年(一七二〇)には江戸北郊の飛鳥山にも桜を植樹する。以後、江戸庶民は花見の頃になると、吉宗が植樹させた隅田川堤や飛鳥山に繰り出していった。心ゆくまま花見そして飲食を楽しむようになり、以前に比べれば寛永寺の境内は静かになったという。

こうして、隅田川堤や飛鳥山は桜の名所として喧伝されるようになった。元文二年(一七三七)二月、吉宗は家来たちを連れて飛鳥山で酒宴を催している。将軍みずから範を垂れ、飛鳥山での花見を推奨したのだ。これほど、効果的な宣伝はなかっただろう。まさにトップセールスである。

花を愛でるだけでなく、その際の飲食も推奨したわけだが、翌三年(一七三八)には花見客がもっと飲食を楽しめるよう水茶屋五十四カ所の設置を許可する。その時には「楊弓《ようきゅう》場《ば》」(矢場)三カ所の設置も許可しており、娯楽施設も置くことでさらなる集客をはかっていることがわかる。揚弓場とは弓矢の遊技場であり、「矢取り女」を置く店もあった。

桜の増植や補植など、吉宗は桜の名所としての環境整備にもたいへん力を入れており、その強力なバックアップなくして江戸の観光名所・飛鳥山はあり得なかった。そうした施策により、飛鳥山は賑わいに拍車が掛かり、高級な料理茶屋も近くに立ち並ぶほどの観光地となる。『江戸名所図会』にも、料理茶屋が数多く並んでいる様子が描かれている。

矢場の女性で新名所は集客アップ(「矢場の女」五湖亭=国立国会図書館蔵)

隅田川堤では、桜の名所の副産物のような形で長命寺桜餅という名物まで生まれた。

隅田川堤の長命寺で門番をしていた者が、堤に植樹された桜の落ち葉を塩漬けにし、その葉で餡《あん》入りの餅を挟んで販売したのがはじまりである。『南総里見八犬伝』の作者として知られる曲亭馬琴によれば、文政七年（一八二四）には塩漬けされた桜の葉が七十七万五千枚にも及んだという。当時は餅一つを桜の葉二枚で挟んだことから、年間三十八万七千五百個の桜餅が製造された計算になる。

観光名所としての飛鳥山や隅田川堤だけでなく、今も人気の長命寺桜餅も吉宗が産みの親だったのである。

だだっ広い犬小屋跡地が桃園に

飛鳥山の例に刺激を受けたのか、この時期に江戸や近郊、そして寺社の境内に桜が植樹されている。その結果、春には花見と参詣客で賑わう観光名所が続々と誕生した。ところが、吉宗が植樹したのは桜だけではなかった。

江戸南郊の品川宿近くにあった御殿山は北品川の台地の総称で、江戸前期にあたる寛文年代（一六六一～七三）に大和の吉野山の桜が移植された。それ以来桜の名所として知られたが、享保三年（一七一八）に吉宗は紀州産の櫨《はぜ》を植えさせている。秋の紅葉を楽しませるための措置であり、御殿山は紅葉の名所としても人気が高まる。このように四季を楽しめる観光名所が造成されていった。

さらに、江戸西郊の中野村には桃の名所・桃園が登場する。享保二十年（一七三五）に吉宗が鷹狩りで中野を訪れ、桃の花が多く咲いているのを見たことがきっかけだった。桃の花を数多く植えて花が咲けば花見客が多数集まり、地域住民の生活も豊かになるだろうと考えて桃を植樹させたのである。観光開発による経済効果を期待したのだ。

元禄年代、この地は犬小屋が置かれていた場所だった。五代将軍綱吉は生類憐みの令を発した将軍として知られるが、なかでも犬を愛護した。往還に痩せた犬がいれば餌を与えて養育せよ、犬同士が喧嘩していたら怪我していないかどうか医師の診察を受けさせた上で養育せよなどと命じた。しかし、愛護のための規定を事細かく設けたことで、負担が重くなるのを嫌った飼い主によって捨てられる犬が増えてしまった。

やむなく、幕府はみずから犬の養育にあたるため、収容施設の犬小屋を新築した。元禄八年（一六九五）に中野村などで広大な土地を確保し、野犬を収用して養育にあたった。同十年（一六九七）の数字によれば、犬小屋の規模は二十九万坪（約九六ヘクタール・東京ドームの二十倍ほど）にも及び、十万匹以上の野犬が収容された。建設費や維持費の負担は江戸の町人や周辺農民に課せられたため、その不満は大きかった。

だが、宝永六年（一七〇九）に綱吉が死去して甥の家宣が六代将軍となると、人々に不評だった生類憐みの令は廃止された。これにより、中野村に造られた犬小屋は取り払われることになり、農地に戻っていった。

その後四半世紀を経て、吉宗により犬小屋跡地の一部に桃の花が数多く植えられたことで、桃園と呼ばれた観光名所として生まれ変わる。その花見の様子は「桃園春興」として『江戸名所図会』にまで描かれるほどになる。元文三年（一七三八）には花見客が飲食を楽しめるよう、水茶屋十一カ所の設置を許可した。観光名所としての賑わいが増したのは言うまでもない。

江戸では幕府主導で観光地開発が推進されていた。吉宗による享保の改革では、現代の観光行政の先駆けとも評価できるような施策が打ち出されたのである。

(2) 浮世絵に描かれた盛り場の賑わい

聖と俗——盛り場になった浅草寺の境内

江戸では芸能・娯楽施設が観光名所として注目され、地方からも大勢の旅行客が訪れるようになった。その華やかな空間をアピールする媒体として、カラフルな浮世絵は外せない。

浮世絵の題材に選ばれ、地方からの観光客によって江戸土産として購入されることで、いきおい全国区の知名度を誇ることが可能となるからだ。浮世絵の版元も土産品としての需要の高さに目を付け、江戸の名所を描いた作品の制作に力を入れる。

浮世絵の題材となった江戸のエンタメ空間としては芝居小屋と吉原が双璧だが、それだけではない。敬虔《けいけん》な信仰空間のイメージが強い寺社の境内にもエンタメの世界が広がっていた。江戸の人々にとり、寺院とは信仰心を満たすことはもちろん、余暇を楽しめる機会を提供してくれる娯楽空間となっており、その様子が浮世絵にも描かれている。浅草寺などはそのシンボルのような寺院であった。

時代はかなり下るが、幕末の慶応元年（一八六五）に、世界一周旅行の途次、日本に立ち寄り浅草寺を訪れたドイツ人がいる。トロイア遺跡の発見者として知られるハインリッヒ・シュリーマンその人だ。帰国後に刊行した旅行記のなかで、浅草寺（浅草観音）境内の光景を以下のとおり描写している。

浅草観音の広い境内には、ロンドンのベイカーストリートにあるマダム・タッソーの蠟人形館によく似た生き人形の見世物や茶店、バザール、十の矢場、芝居小屋、独《こ》楽《ま》廻しの曲芸師の見世物小屋等々がある。かくも雑多な娯楽が真面目な宗教心と調和するとは、私にはとても思えないのだが。（『シュリーマン旅行記清国・日本』講談社学術文庫）

境内では、芝居小屋をはじめ多様な娯楽が演じられていた様子がわかる。現代で言うゲームセンターにあたる矢場や芝居小屋。曲芸師の見世物小屋。蠟人形館でみられるような生き人形の見世物小屋まであった。そんな光景を見て、たいへん困惑するシュリーマンの

エンターテインメント空間となった浅草寺境内（「浅草観音雷神門」葛飾北斎＝国立国会図書館蔵）

顔も浮かんでくる。聖と俗の世界が融合された空間だった。

シュリーマンが見た浅草寺境内の様子を、別の外国人にも語ってもらおう。五年ほど遡るが、万延元年（一八六〇）に江戸を訪れたプロイセン公使オイレンブルクが見た境内は次のとおりだ。

入口の鳥居から本堂に至るまでの道の両側は、ずっと茶店や年の市の露店が連なっており、巡礼者に何千という種類の品物を売りつけている。この品は、家具や日常生活に必要なものもあり、また玩具や贅沢品もある。友人たちに旅からの土産を何か持って帰るのが、日本では習慣だからである。ここには群衆がいっぱい押し寄せていた。彼らは大部分、奥地の方から来たと見えて、今まで見たこともない外国人を物珍しそうに口を開けて眺めていた。本堂やその廊下や階段もまた人に埋まり、かき分けてやっと前に進むことができた。（『オイレンブルク日本遠征記』上、雄松堂書店）

「入口の鳥居」とは、雷門のことだろう。雷門から本堂に至る道、つまり仲見世通りの店の様子が描写されている。歳（年）の市が開催中であったことから、十二月後半の頃の境内と判明する。歳の市とは新年を迎えるのに必要な品を売る市のこと。寺社の境内が会場となる場合が多かった。

家具や日常生活品、子供用の玩具、そして江戸の富裕層が買うような贅沢品などが店頭に並べられていた。土産品もある。

現在、浅草寺の仲見世通りに行くと、バラエティーに富んだ東京（日本）土産が並んでいて、修学旅行生が東京土産を、外国人なら日本土産を買い求めている。江戸の頃は観光客対象の土産品だけでなく、日用品から高級品まで、そして子供から大人までが楽しめた品揃えだった。歳の市ということもあって境内はごった返し、ショッピング街としての顔を見せていた。

境内にはお茶や軽食を提供する水茶屋が九十三軒もあった。今で言えば喫茶店だ。団子茶屋が九軒、飴《あめ》見世が四軒、菜飯《なめし》茶屋も三軒。菜飯とは菜の物を炊き込んだ御飯のことである。門前にも飲食店が立ち並んでいたのは言うまでもない。

境内は娯楽が楽しめるエンタメ街、日用品から土産までの買い物ができたショッピング街、そして飲食街という顔を持っていた。これは浅草寺だけの特殊事例ではない。江戸では大なり小なり、寺院の境内や門前にはこうした光景が展開していたのである。

両国広小路という一大歓楽街

浅草寺境内とともに江戸のエンタメ空間のシンボルとして浮世絵に取り上げられることが多かった観光名所に、両国広小路がある。両国広小路とは隅田川に架かる両国橋の両袂《たもと》に設定された広小路のことで、両国橋に限らず大きな橋の袂には広小路という名の火除地が設けられるのが原則だった。火事の際、橋に火が燃え移らないようにするための措置であり、広小路には何も置かないことになっていた。

当時は費用の問題もあり、河川に橋が架けられることはあまりなかった。そのぶん橋の交通量は激しかったが、なかでも両国橋は群を抜いており、一日当たり二万三〇〇〇～二万五〇〇〇人も往来したという推定まである。(竹内誠『江戸の盛り場・考』)

人が集まるとなれば、そこで商売が生まれるのはいつの時代も同じだ。本来、広小路には何も置けないはずだったのに、すぐに動かせるという条件のもと、屋台のスタイルで飲食店が営業できるようになる。ついには、芝居や寄席が興行される小屋まで、同様の条件のもと、なし崩し的に設営が許可されるに至る。

その結果、両国広小路は浅草寺境内に入ったかのようなエンタメ空間に変じた。浅草寺と並ぶ江戸を代表する歓楽街として賑わい、その様子が浮世絵に描かれたことで、江戸の観光名所として全国的に知られるようになる。

浅草寺境内にも引けを取らないほどの歓楽街となった両国広小路の賑わいについて、『江戸名所図会』の編者斎藤月岑《げっしん》は次のように活写した。

この地は四時《しいじ》繁昌《はんじょう》なるが中にも、納涼《すずみ》の頃の賑ははしさは余国にたぐひすべき方はあらじ。東西の岸には葭子《よしず》囲《がこ》ひの茶店、櫛の刃のごとく比《なら》び、客を倡《いざな》ふ手弱女《たおやめ》は、真白に粧ふ。（斎藤月岑『新訂東都歳時記上』筑摩書房）

両国橋界隈は普段から賑わっていたが、納涼時の繁盛ぶりは日本のどの場所も及ぶものではない。両国東西広小路（「東西の岸」）には茶店が櫛《くし》の歯のように立ち並び、顔に白粉を付けた給仕の女性（「手弱女」）たちが、お客を呼び込んでいる。両国広小路に飲食店が数多く立ち並び、給仕の女性が彩りを添えている情景が浮かんでくる描写である。

両国広小路つまり両国橋が浮世絵に描かれる時は、打ち上げ花火も併せて描かれることが多かった。両国で花火が打ち上げられるようになったのは、奇しくも観光地の造成に力を入れた吉宗の時代だった。

あまり知られていないが、吉宗の代名詞となっている享保期は疫病が頻繁に流行した時代でもあった。なかでも吉宗が紀州藩主から将軍の座に就いた享保元年（一七一六）は疫病が大流行し、江戸の町だけで死者が一カ月で八万人を超えた。

同五年（一七二〇）と八年（一七二三）は疱瘡《ほうそう》、十五年（一七三〇）には麻疹《ましん》が流行した。さらに十七年（一七三二）は江戸の三大飢饉の一つとされる享保の大飢饉が西国を襲う。病名は不明ながら疫病も流行したため、飢えと疫病のダブルパンチで多くの人命が失われてしまう。飢饉により充分な食事が取れず、抵抗力が落ちていたところに疫病に見舞われたため、ひとたまりもなかったのだ。

社会不安が広がるのは避けられなかった。そのため翌十八年（一七三三）五月二十八日に両国で水神祭りが執り行われる。前年以来の飢饉による多数の餓死者、疫病流行による大勢の病死者の霊を慰めるとともに、悪病退散を祈ることを目的とした祭りだったが、その儀式で花火が打ち上げられた。打ち上げ花火の持つ独特な光と音が悪霊を払うのに効果があると信じられたからであろう。

橋も川も大盛況。新たな夏の風物詩、両国の花火（「両国納涼花火ノ図」一立斎広重＝国立国会図書館蔵）

そんな祈りが込められた花火が打ち上げられたのは、両国の川開きの日だった。この日から八月二十八日の川仕舞いの日までの三カ月は両国橋の広小路や隅田川沿いに夜店が出店し、隅田川には納涼船も頻繁に行き交う光景が夏の風物詩となっていた。その初日に花火が打ち上げられたことは大きな話題を呼ぶ。

やがて、川開きの日に限らず、川仕舞いの日までの間は鍵屋などの花火師が、舟遊びの客や両国周辺の船宿・料理茶屋の客からの求めに応じて花火を打ち上げるのが習いとなった。花火も夏の風物詩に加わり、両国橋の賑わいと併せて浮世絵に描かれることで、両国広小路の観光名所としてのインパクトも強まったのである。

吉原オリジナルのイベント日・紋日

浅草、両国は江戸で一、二を争うほどの歓楽街となる。そして歓楽街と言えば吉原は外せない。吉原は男性専門の歓楽街と思われがちだが、実は女性も数多く訪れている。

そもそも、遊郭だけで成り立っていた町ではなかった。主役は遊女だが、飲食業を中心に商人たちも大勢住んでいた。享保六年（一七二一）の数字によると、吉原の人口は八一七一人。そのうち遊女は二一〇五人であり、約四分の一を占めるに過ぎない。

吉原にはもう一つの顔があった。江戸有数の観光地という顔である。男女問わず、昼も夜も全国からの観光客で賑わったため、観光客相手の飲食業が盛んだった。

吉原としても登楼につながる観光客の増加に熱心で、様々なイベントを毎月のように開催した。なかでも「紋日《もんび》」と称した吉原オリジナルのイベントの日は大勢の観光客で、たいそうな賑わいを見せた。

そんな紋日の仕掛けの一つが、当時江戸で人気の桜の花見だった。

時期が近づくと、植木屋が吉原のメインストリートである仲の町まで桜の木を運び込み、そのまま植えていく。仲の町は二百メートル以上もあったため、その数は百本前後に達しただろう。

植える際には桜の木の高さにも注意が払われている。一階のみならず二階からも花見をしながら飲食が楽しめるよう、高さが揃えられたのだ。夜桜も楽しめるよう、薄暗くなると近くに置かれた雪洞《ぼんぼり》に火が灯《とも》された。

臨時に植樹された吉原の「夜桜」（東都三十六景・吉原仲之町）歌川広重＝国立国会図書館蔵）

吉原の遊女のなかでもトップクラスの花魁《おいらん》は、指名してきた客が待つ遊郭まで大勢の供を連れて仲の町を練り歩くのが仕来りである。いわゆる「花魁（道中）」だが、仲の町で桜が植えられた時期はその華麗な姿がいっそう映えたため、普段よりも見物客が多かった。その盛り上がりは、吉原の年中行事のなかでも一、二を争った。

花が散って花見の時期が終わると、再び植木屋の出番である。樹木は抜き取られ、炊事や入浴用の燃料に使われた。

桜は吉原の賑わいをさらに増した。その様子を描いた浮世絵を通じて、吉原への関心はさらに高まる。そうした営業努力により、吉原は江戸見物の際には欠かせない観光名所であり続けたのである。

(3) 全国の寺社が江戸に集まる

大借金を完済できた江戸出開帳

旅行に出かける動機として寺社の参詣は定番だったが、江戸庶民たちは居ながらにして全国の寺社を参詣する機会に恵まれていた。いくつもの寺社による江戸出開帳が頻繁に行われたからである。開帳とは秘仏などを期間限定で公開するもので、信徒に結縁《けちえん》の機会を与える宗教的行事として現在も広く行われている。

もともとは霊験あらたかな秘仏と縁を結ぶための行事だったが、拝観を許した信徒から奉納される浄財を期待する行事へと次第に変わっていく。開帳で得た臨時収入が堂社の修復費などに充てられたのだ。というよりも、修復費を確保するための手段として出開帳が企画されたと言った方が正確だろう。

開帳にはその寺院で開帳する居開帳と、他の寺院の境内を借りて開帳する出開帳の二種類がある。居開帳はともかく、出開帳については双方の寺社の判断だけでは行えなかった。

例えば、地方の寺社が江戸に出張する形で秘仏を開帳する場合は、江戸を直轄地とする幕府の許可が必要だった。三奉行の一つである寺社奉行に申請して許可を得ることになる。出開帳の期間は六十日が基本だった。

百万都市江戸で開帳する場合は、当然、大勢の参詣客が期待できた。つまりは相当の浄財が期待できたため、地方の寺院は争うように江戸出開帳を企画した。そのきっかけとなったのが成田山の成功事例なのである。

成田山が江戸で最初に出開帳を行ったのは元禄十六年（一七〇三）のこと。五代将軍綱吉の時代だが、当時の成田山は現在のような全国区の寺院ではなかった。成田地域の人々からは厚く信仰されたものの、全国的な知名度は低かった。

成田山が江戸出開帳を企画した理由は、借財を返済するためだった。成田山は本堂（現光明堂）の建立費なども含めて五百両もの借財を抱えており、その返済を目的に江戸出開帳を企画する。

成田山の本尊である不動明王が開帳された場所は、深川にあった永代寺《えいたいじ》の境内である。境内に不動明王を安置する小屋が建てられ、江戸っ子の参拝を受けた。永代寺は明治に入ると廃寺となるが、現在、旧永代寺境内には成田山深川不動堂が立っている。元禄にはじまる江戸出開帳の由緒を踏まえ、明治十四年（一八八一）に別院として建立された寺院だ。

元禄十六年四月二十七日からの二カ月間、成田山の最初の江戸出開帳には参詣者が押し寄せ、想定を超える収益を上げる。借財をきれいに返済したばかりか、鐘楼などの建立費まで出せたという。

最初から大成功を収めた一番の理由は、江戸歌舞伎の代表格市川團十郎の強力なバックアップを受けたことだろう。成田屋である。

もともと成田不動を篤く信仰していた團十郎は、開帳中、自分の舞台で「成田山分身不動」を演じた。江戸一の人気タレントである團十郎が話題作りに一役買ったわけだが、このことははかり知れない効果をもたらす。團十郎が木挽町（現中央区）の森田座で「成田山分身不動」を演じ、舞台を見た観客が本物の成田不動を拝もうと、深川の開帳場まで大勢押し寄せたのだ。

成田山の江戸出開帳は初回以降、都合十回ほど行われたが、出開帳の度に團十郎は芝居小屋の舞台で「不動明王」を演じ続けた。成田山の江戸での知名度アップ、そして江戸出開帳の成功に團十郎は大きく貢献している。

出開帳の成功はもう一つの効果をもたらした。成田山への関心が高まったことで、成田詣でと呼ばれた成田までの参詣旅行が活発となる。江戸出開帳は、遠く離れた成田山の門前町にも大きな経済効果をもたらしたのである。

本末転倒、カンカン踊りまで登場

成田山の成功に続けとばかりに、多くの寺社が江戸出開帳を企画する。しかし、幕府の許可制だったため狭き門にならざるを得なかった。それでも春から初夏にかけて、両国橋近くの回向院、浅草寺、永代寺などを会場として全国各地の寺社が競うように開催した。時期が春～初夏に事実上限定されていたのは、暑くても寒くても人出つまりは参詣客が見込めないという読みがあったのだろう。

江戸で開帳を行った寺社で、ずば抜けて多くの参詣客を集めたのは成田山のほか、京都の嵯峨清凉寺、信濃の善光寺、甲斐の身延山久遠寺《くおんじ》だった。成田山は永代寺、清凉寺と善光寺は回向院、身延山は深川の浄心寺を会場とした。江戸庶民は京都や信濃、甲斐まで旅行しなくても、回向院などに出向けば参詣できたわけである。成田山の場合のように、江戸出開帳をきっかけとして参詣旅行に出かけた者もいただろう。

一方、期待したほど参詣客を呼び込めず、収支が赤字となった寺社も少なくなかった。いわば興行である以上、出開帳は水物だったこともまた事実である。

その成否はどれだけ江戸の話題になるかで決まったため、どの寺社もPRには力を入れる。よって、秘仏である御本尊を守護して江戸に入る際には、組織力を駆使した大パレードを敢行するのがお決まりとなっていた。集客力アップにつなげようとの狙いだったことは言うまでもない。

文化四年(一八〇七)に武蔵国幸手《さって》の不動院が回向院で出開帳を行った時の江戸入りでは、ド派手なパフォーマンスが繰り広げられた。露払いとして、幟《のぼり》・鈴・錫杖《しゃくじょう》・法螺貝《ほらがい》を手にした千人もの信徒が進み、次に兜巾《ときん》(頭襟)と篠掛《しのがけ》(法衣)を付けた山伏たちが法螺貝を吹きながら続いた。その後、八〜九人の山伏が厨子《ずし》や神宝を担いで進み、輿《こし》に乗った住職が登場するというパレードであった。

開帳がはじまると、同じ境内で大勢の山伏が素足で烈火の中を渡り歩くパフォーマンスを披露した。前代未聞のこととして江戸中の話題になるが、見物人が殺到して怪我人が出てしまったため、さすがに幕府も看過できず、差し止めを命じている。

それでも開帳中、同じ境内でこうしたイベントを並行して企画することで話題性を高めようという試みは、ごく当たり前のことになっていた。開帳を成功させるには背に腹は代えられなかったからである。

いきおい、期間中に魅力あるイベントを企画できるかどうかが、主催者の最大関心事となる。あれこれ知恵を絞ったが、文政四年（一八二一）に成田山がおなじみの深川永代寺で出開帳した時は、当時大流行の「カンカン踊り」を境内で興行させている。

カンカン踊りとは前年に長崎の中国人から伝えられ、大坂・江戸で大流行した唐人踊りのことで、落語の「らくだ」にも出てくる奇妙な踊りだった。その一座を呼び寄せ、永代寺境内で踊らせたのである。

このように、開帳は秘仏の御利益ではなく、娯楽性の強いイベントで話題を巻き起こすことで参詣者を集める傾向が強かった。本末転倒であるとして批判は避けられなかったが、いかにして参詣者を増やすかが開帳の成功につながる以上、その流れは止まらなかった。

なお、開帳の様子が浮世絵に描かれることも多く、それだけで周知度は高まった。開帳を主催する寺社側からの働きかけの結果だったことは言うまでもない。

江戸の場合、観光地として注目されたのはその歴史や自然景観ではなく、エンターテインメントとしての華やかさであった。芝居小屋や吉原はそのシンボルであり、娯楽性が強い出開帳もエンタメ空間としての江戸を同じくアピールする役回りを演じたのである。

江戸藩邸に集結した全国の神さま仏さま

出開帳を通じて、江戸庶民は居ながらにして全国の寺社を参詣することが可能だった。だが、出開帳は寺社だけではない。あまり知られていないが、ある場所に勧請《かんじょう》された神仏にも参詣できた。そこは大名屋敷である。

参勤交代制により、諸大名は原則として江戸と国元に一年間ずつ住むことが義務付けられていた。江戸城の周辺に広大な土地を下賜された諸大名は、拝領した土地に屋敷を建て、大勢の家臣とともに生活した。大名は普通三カ所の拝領屋敷、つまり上《かみ》・中《なか》・下《しも》屋敷を所持していた。上屋敷は大名の当主つまり藩主が住む屋敷。中屋敷は世継ぎや隠居した大名が住む屋敷。下屋敷は別荘・倉庫・避難所として活用された屋敷である。

諸大名は江戸屋敷内に、国元に鎮座している著名な神仏を勧請することが多かった。具体例を挙げると、讃岐丸亀藩京極家の虎ノ門上屋敷内の金毘羅社（現金刀比羅宮、港区虎ノ門）、筑後久留米藩有馬家の赤羽根屋敷内の水天宮（現在は中央区日本橋蠣殻町《かきがらちょう》に遷座）、三河西大平藩大岡家の赤坂一ツ木屋敷内の豊川稲荷（現港区元赤坂）などであり、現在も参詣できる事例が少なくない。

これらの神仏は大名とその家族、家臣たちが参詣するために勧請されたわけだが、本来は何の関係もない江戸庶民も設定された公開日に参詣していた事実がある。当の大名側が屋敷内に入ることを特別に許したのだ。

大名屋敷内の神仏が一般に公開されるようになったのは江戸後期になってからで、公開日は月に一回が原則である。参詣のため屋敷に立ち入る時は表門ではなく、裏門や通用門から出入りすることが求められた。

大名屋敷は閉鎖的な空間であり、庶民がたやすく入れる場所ではなかった。ところが、公開日ならば屋敷内に立ち入って参詣できたため、当日は開門前から大勢の参詣客が立錐《りっすい》の余地もないほど門前に立ち並ぶのが常だった。それだけ、普段覗くことができない空間への関心は高かった。
大名側が神仏の参詣を許可した理由としては、参詣者からの浄財への期待が大きかったのは言うまでもないだろう。毎月十日を公開日に設定していた京極家の金毘羅社では、天明八年（一七八八）以降、公開日に奉納される初穂金が年間百～百五十両にも達し、同家の貴重な収入源となっている。当然ながら、勧請された神仏の前には賽銭箱が置かれていた。
総じて財政難に苦しんでいた諸大名にとり、藩邸内の神仏への浄財はたいへん魅力的だった。（安藤優一郎『観光都市江戸の誕生』新潮新書）
出開帳と大名屋敷での公開。江戸が全国の神仏が集結する空間だったことは、観光地としての魅力アップにもつながっていたのである。

第四章

大名の「団体旅行」は七難八苦

整然と進む大名の行列（「温故東の花」揚州周延＝国立国会図書館蔵）

（1）江戸参勤の下準備と意外な持ち物

出発日も経路も幕府が決めた

プライベートで旅行を楽しんでいた庶民とは違い、江戸の幕臣にせよ各藩の藩士にせよ、主君を持つ武士にはプライベートな旅行は事実上無理だった。隠居の身ならばともかく、家督を継いでいる身で、庶民のように一ヵ月にも及ぶ長期旅行など、夢のまた夢である。

しかし、公務となれば話は別だった。参勤交代への御供を命じられた藩士は国元から江戸、あるいは江戸から国元への旅に加わることになる。その日数は江戸からの距離によって、数日から数十日。御供の人数は大名の石高によるが、大半は百人から数百人のレベル。千人を超える事例もみられた。

毎年、これだけの人数の団体が江戸と国元を往復したのだから、当事者の藩にとっては、その準備がとにかく大変だった。実際の旅でも様々なトラブルが避けられなかったが、街道筋や宿場には莫大な金を落としたため、その経済効果は大きかった。参勤交代に要した費用は藩の年間経費の五〜十%にも達したからである。

本章では参勤交代という名の「団体旅行」の実態を解き明かしていく。まず、下準備からみていこう。

参勤交代の時期や経路は各藩からの申請に基づき、幕府が個々に指定した。諸大名が勝手に決めることはできなかった。

例えば、譜代大名は原則として毎年六月（関東の譜代大名は八月など）、外様大名は毎年四月に参勤すると定められていて、参勤の際には、その都度伺いを立てる必要があった。そのため、四月参勤組の外様大名は前年十一月、六月参勤組の譜代大名は同年二月に伺いを立てている。

経路を管轄したのは道中奉行である。五街道をはじめとする街道や宿場の取り締まり、あるいは道路や橋梁などの修復も管轄していた。前述したが、大名の監察を職務とする大目付と、幕府財政を差配する勘定奉行が一人ずつ道中奉行を兼務した。

文政五年（一八二二）に道中奉行は諸大名に対して通行すべき街道を指定し、東海道通行の大名は百四十六家、中山道は三十家、奥州街道三十七家、日光街道四十一家、甲州街道が三家と振り分けられている。天災などのため、やむを得ず参勤交代の時期や経路を変更する場合も、その都度届け出て幕府の許可を得る定めだった。大人数の団体旅行であり、幕府としては各街道が混雑しないよう調整したわけである。

半年前から宿泊場所を予約

参勤交代の期日が指定されると、各藩は早速準備に取り掛かる。加賀藩前田家が参勤した時の事例をみてみよう。

前田家は国元の金沢を出立する四十~五十日前から準備に取り掛かっている。最初に決めるのは参勤の責任者だった。前田家では家老の一人を責任者に任命している。

次に、その家老のもとで江戸まで参勤の御供をする藩士たちが選抜される。道中での役割分担も併せて決められた。藩主の警護役を務める藩士はもちろん、道中での多岐にわたる事務を処理する藩士も必要であった。

参勤の御供をする藩士とその役割分担が決まると、次は宿割りだ。宿泊場所を確保しなければならなかったが、後述のような藩主の生活用品類を運ぶ大勢の人足も同道させたため、その宿泊場所も確保している。

宿場によっては、旅籠屋をすべて貸し切っても足りなかったかもしれない。この問題が、

藩士・下男たちが本陣に到着（「東海道五十三次・関」一立斎広重＝国立国会図書館蔵）

準備段階では一番悩ましかっただろう。

東海道を通過する大名の場合、半年前ぐらいから宿泊予定の各宿場の本陣や旅籠屋から請書《うけしょ》を取っている。本陣には藩主、旅籠屋には藩士などが宿泊した。

幕府の指定に従い、過半の大名は東海道を江戸への経路として使った。つまりは、宿泊場所の確保がその分難しい。早めに宿泊所を決めておかないと野営となる可能性も高く、半年前には予約してしまったわけだ。

一方、東海道を経由する大名に比べると、加賀藩前田家の準備はかなりゆっくりとしている。前述のように、約一ヵ月半前からである。前田家は中山道と北国街道が参勤交代の経路に指定されたが、両街道とも東海道ほど混雑することはなかった。宿泊場所の確保はさほど急がなくても良いだろうという読みが、準備期間の短さに表れている。

もっと早くから準備に取り掛かっている藩もある。秋田藩佐竹家などは一年近くも前から着手した。文政八年（一八二五）に十代目藩主佐竹義厚《よしひろ》が江戸から国元に帰国した時の事例をみてみよう。

佐竹家が帰国を許可されたのは、この年の一月七日のことである。四月二十九日、義厚一行は江戸を出立。五月十七日に秋田に戻ったが、幕府から帰国許可が下りる一年以上も前から、佐竹家は帰国の準備に取り掛かっている。

前年の文政七年（一八二四）六月八日、国元で藩主帰国に関する掛かりが任命された。八月十日には、江戸でも掛かりが決まる。国元でも江戸でも、家老が帰国事務の責任者だった。その後、国元に連れていく家臣の名や道中の行程が発表され、帰国許可が下りるのを待つことになる。

御供する藩士の選抜や宿泊場所の手配だけではない。藩主の持ち物などを運ぶ人足や馬の確保、その日当や駄賃の計算など、多岐にわたる事務処理も事前に済ませておかなければならなかった。そのため、佐竹家などは一年以上も前から準備したのである。

料理道具から漬物石まで持ち運ぶ

ありし日の参勤交代について、当事者たる藩主の証言が残されている。最後の広島藩主である浅野茂勲《しげこと》（明治に入って長勲《ながこと》と改名）の証言だ。

浅野は天保十三年（一八四二）生まれで、二十代後半で明治維新を迎える。維新後は貴族院議員などの要職を歴任して昭和十二年（一九三七）に没する。その晩年に、江戸の社会風俗の記録者として知られる三田村鳶魚《えんぎょ》の質問に答える形で、大名時代の日常を語った。その回顧録に、参勤交代時の道中の様子が収められている。

まずは、食事についての証言である。

　略式と申しても、道具はいろいろ持って行っておりますから、食事はその土地のものを食うには相違ないが、台所があって料理番が仕立てる。（中略）食物は台所奉行がまず食味をします。それから近習の者が毒味をするので、これは食味がまずくても加減が悪うても一言もいえない。何か嫌いのものが出た為に、目を白黒して呑み込んだという話もある。なかなか面倒なものです。道中でもやはり食事は前日に伺いますが、その晩のことは前日というわけに往かないから、着いてからきめることになります。（浅野長勲「大名の日常生活」柴田宵曲編『幕末の武家』青蛙房）

参勤交代には、藩主専任の料理番も同行していた。宿泊所である宿場の本陣に行列が到着すると、料理番が台所に入り、使い慣れた料理道具で調理する。なぜ専任の料理番に調理させたかと言えば、藩主の毒殺を防ぐためであった。

料理番による調理が終わると、藩主の食事の責任者である台所奉行がまず毒味をする。料理番のみならず、台所奉行も同行していたことがわかる。実際に殿様の御前に出される際には、さらに毒見役のチェックが入る。

二重のチェックを受けた後、藩主はようやく箸を付けることができた。城中で食事を取る時とまったく同じチェック体制が取られていたのだ。

本陣の台所に持ち込んだのは、料理道具だけではない。浅野家の場合は違ったのかもしれないが、藩主の御膳にのぼる米まで持ち運ぶ場合もあった。米のほか、炊事に使う水や塩・醤油なども樽に入れて運んでいた。

当時、食事には香の物は欠かせなかったが、なんと漬物も運んでいたという。漬物のみならず、漬物石も一緒である。重しの石がなければ味が落ちるからだ。

いわば台所ごと、城から移動してきたようなものだった。当然ながら、それを運ぶ人足も参勤交代の一行には加わっていた。

殿様専用の風呂、トイレも

藩主専用の宿所であった本陣には一日の疲れを落とす風呂はあったのだが、藩主は入らなかった。持ち運んできた専用の風呂桶を本陣に持ち込み、入浴したからである。別の場所で沸かしたお湯を桶で運んで風呂に入れ、藩主に入浴してもらうことになっていた。

本陣の風呂は、五右衛門風呂と呼ばれる据風呂だった。湯槽の底に平釜を取り付け、竈《かまど》を据え付けた上で薪を焚いて沸かす仕組みの風呂である。据風呂は水面に浮かんだ底板を踏み沈めて入浴する。失敗すると大やけどの危険があったため、藩主は本陣の据風呂には入らなかったのだ。

本陣に持ち込んだのは風呂桶だけではない。風呂から出て藩主が座る腰掛、風呂からお湯を汲み出して体に掛ける手桶も同様だった。殿様の入浴に必要な道具すべてを携行していた。

風呂のほかには、藩主専用のトイレも持ち運んでいた。道中で用を足す時はもちろん、本陣でも使用したため、本陣の雪隠《せっちん》は直接使用しなかったことになる。

前田家の殿様専用の携帯用トイレは、高さ一尺二寸（約三十七センチ）、長さ二尺（約六十センチ）、幅一尺（約三十センチ）の台形をしていた。腰を下ろす位置には、大・小の穴が瓢箪《ひょうたん》形にくり抜かれていたという。

携帯用トイレを本陣に持ち込んだ藩主に関する証言が残されている。中山道を通過する大名に、自分の家を本陣として提供した村の庄屋の言葉である。


お大名が今夜お泊りと申す時には、「先番《さきばん》」と号する士《さむらい》が、長持《ながもち》に雪隠の抽出筥《ひきだしばこ》を納めたのを持たせて参りまして、上雪隠《うわせっついん》へ仕掛けて置きます。もっとも大抵の家《うち》で本陣にでもなろうという処では、そうしなくても御間《おま》に合うようにはしてありました。黒塗の樋筥《といばこ》の雪隠です。先番衆は本陣へ乗込むが早いか、乾いた砂をソレへ敷き、両便を受けるようにしたものだそうで、サテ殿様が御到着の上両便を達しられると、先番衆は、再びその砂をば樽詰にし、御在所へ持帰ったもので、サゾ大変の物であったろうと思われます。（篠田鉱造『増補幕末百話』岩波文庫）

長持に納めた「雪隠の抽出筥」というのが、携帯用トイレだった。庄屋の証言から、携帯用トイレだけでなく藩主の排泄物まで持ち運んでいた様子が窺える。

お城まるごとの移動

参勤交代では、藩主は駕籠に乗っているのが通例である。警護する方としては駕籠の中に居てもらった方が助かるが、藩主からすると、駕籠に乗ったまま道中を続けるのは苦痛だった。前出の浅野長勲も、駕籠の中は薄い布団が敷いてあるだけで楽ではなかったと語っている。

そのため、駕籠に乗り疲れると馬に乗った。藩主率いる団体旅行に馬も加わっていたことは、別に不思議ではない。そもそも、何か危険が迫った場合、藩主をその場から速やかに立ち去らせるため、馬も同行させたのである。

ただし、馬を同行させるとなると、その轡《くつわ》を取る口取の者も必要だ。飼葉や飼葉を持ち運ぶ者も必要であり、馬小屋も藩主と一緒に移動していた格好だった。馬一頭連れていくだけで行列の人数はさらに増え、予備の馬も用意されたため、その分行列の人数は増えていく計算となる。

予備があったのは駕籠も同様である。破損した場合に備えて持ち運んでいたが、となれば担ぐ人足も必要だった。

囲碁や将棋の道具など、藩主の無聊《ぶりょう》を慰める娯楽用具も携帯され、鷹狩りで活躍する鷹も同行していた。この時代、鷹狩りは藩主が野外で楽しむスポーツ感覚のレクリエーションとして人気が高かった。休憩時、気分転換を兼ねて鷹狩りを楽しんだのだろう。

そのため、鷹を調教する鷹匠も同行させなければならなかった。鷹の餌を入れる餌箱も持ち運ぶことになるだろう。

紀州徳川家の事例だが、道中では幅が三メートルもある鉄の延べ板を運んでいたという。宿泊した本陣で藩主が寝る床の下に敷くためだ。

床下に刺客が忍び込んでも、藩主に危害が及ばないようにする措置である。となれば、延べ板を運ぶ人足も必要となる。

参勤交代の行列が大人数になったのは警固の藩士の数が多かったからというよりも、城がまるごと移動するかのように、藩主の日々の生活に必要なものを一切合財持ち運んだことが一番の理由なのである。（安藤優一郎『大名行列の秘密』NHK出版生活人新書）

（2）海路もあった参勤交代

薩摩藩島津家の参勤交代ルートと御座船

参勤交代というと陸路を延々と旅するイメージが強い。だが、海路を進む参勤交代もある。九州や四国などの西国諸藩の場合、旅程の一部はどうしても海路にならざるを得なかった。ただ、大坂及び周辺までは海路、その後は上陸して東海道あるいは中山道を経由して江戸に向かうのが通例だった。

そんな西国諸藩の代表格で、江戸から一番遠い地にあった薩摩藩島津家を主な事例として海陸併用の参勤交代をみていこう。

薩摩藩の参勤は九州を縦断する形ではじまり、九州の通過に際しては三つのコースが取られている。

①東目筋コース

鹿児島から日向《ひゅうが》細島港までは陸路を進む。細島港から船に乗り、豊後《ぶんご》水道そして瀬戸内海を経由して大坂に向かうコースである。

②西目筋コース

鹿児島から肥後熊本を経由して豊前小倉に至るコース。小倉筋とも呼ばれた。西目（小倉）筋には出水《いずみ》や米ノ津を経由する出水筋、大口を経由する大口筋の二つの経路があった。この両筋が肥後水俣で合流し、熊本そして小倉に向かった。その後は瀬戸内海を船で進む。

③西回りコース

鹿児島から出水筋を経由し、途中の久見崎、京泊、出水などの港から船に乗って、小倉に至るコースである。西目筋コースと同じく、小倉からは瀬戸内海を進んだ。

江戸前期は主に東目筋や西回りコースが取られたが、中期以降に入ると陸路を進む西目筋が主流となる。背景には海難事故の恐れに加え、後述する船の維持費用の問題もあった。できるだけ陸路を選ぶようになったのは、他の九州諸藩も同様である（左頁の図は『歩きたくなる 大名と庶民の街道物語』〈新人物往来社〉を参考に作成）。

四国の諸大名も瀬戸内海を経由して大坂方面へ向かった。土佐藩の場合は江戸初期より

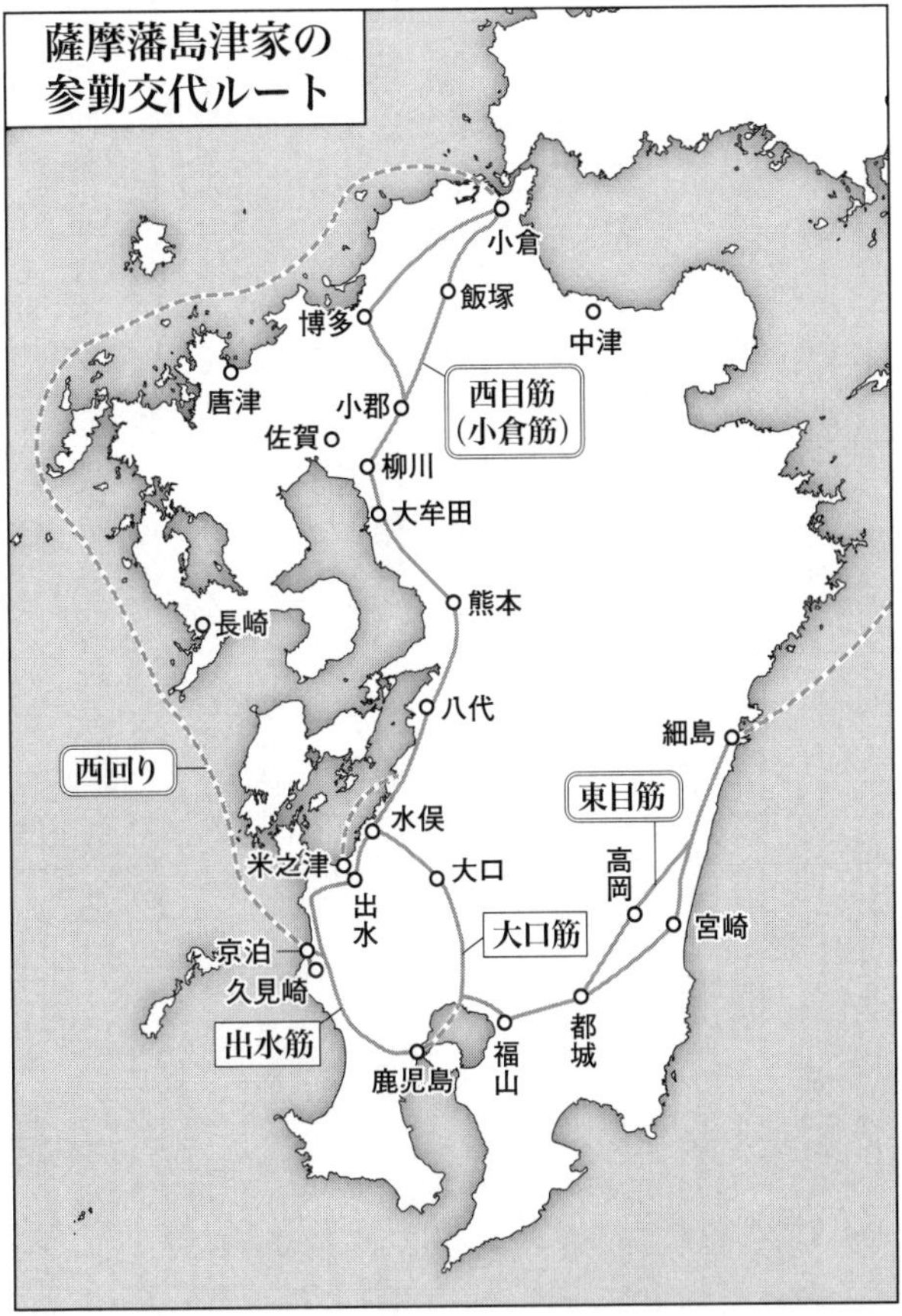

薩摩藩島津家の
参勤交代ルート
小倉
飯塚
博多
中津
唐津
小郡
佐賀
西目筋
(小倉筋)
柳川
大牟田
熊本
長崎
八代
細島
西回り
東目筋
水俣
米之津
大口
出水
高岡
宮崎
大口筋
京泊
久見崎
都城
福山
出水筋
鹿児島

土佐湾から紀伊水道を経由して大坂に向かったが、海難への恐れから、四国を陸路で縦断後に瀬戸内海経由で大坂方面に向かうコースに変更している。

海路を取った西国の諸藩は数艘《そう》から数十艘にも及ぶ大船団で進んだ。藩主が乗船したのは御座船《ござぶね》と呼ばれた大型船である。御座船は屋形を積載した船のことで、屋形内には畳敷きの御座の間（大名の居室）が置かれた。その壁や天井には豪華な装飾が施され、あたかも城内にいるかのような雰囲気が保たれていた。

西国諸藩の御座船はもともと海戦用の軍船であったが、泰平の世になって使い道がなくなり、参勤交代の手段に転用されたのである。

七十四艘もの大船団

薩摩藩の参勤交代は藩主が乗船する御座船「住吉丸」を守るように、合わせて五十艘の船団での旅であった。御座船の前方に四十二艘、後方に七艘を従わせる編制が取られた。だが、すべてが藩の持ち船というわけではない。徴用した船も含まれた。

他藩の事例をみると、戦国時代に活躍した水軍を抱える長州藩毛利家の場合、元禄十年（一六九七）の参勤では七十四艘の船団を組んでいる。五十丁の櫓《ろ》で操船された大型船の禎祥丸、福聚丸。予備の御座船である左隼丸、右隼丸。御供の家臣たちを乗せた供船のほか、水船、駕籠船、馬船、目付船、煮方船などから編制された。水船は飲み水などを積んだ船、煮方船は藩主に料理を提供する船のことだろう。

乗船者数は七百五人。自領の周防国三田尻港から出港した船団は時速三～八キロのペースで瀬戸内海を東へと向かった。

熊本藩は安永六年（一七七七）の参勤では四十七艘の編制であり、乗船したのは七百八十人、馬も七疋《ひき》が乗り込んでいる。小倉藩は寛政五年（一七九三）の参勤で四十五艘の編制。乗船者の数は五一八人だった。

海路による参勤の際には、どの藩も「船唄組」が「御船唄」を歌うのが恒例となっていた。船唄とは、もともと水夫が艪や櫂《かい》を操りながら歌うもので、御座船の発着時に歌われた。歌に合わせて踊りも披露している。藩主の無聊を慰める目的もあったはずだ。

瀬戸内海を船で進む場合、大坂に上陸するのが普通だが、その手前の播磨国室津港（現兵庫県たつの市）で上陸することも多かった。室津から、陸路で大坂に向かったのである。

そのため、室津は参勤交代で上陸してくる西国諸藩の宿泊所として栄えるようになり、大名が宿泊する本陣も六軒置かれた。名称は薩摩屋、肥前屋、筑前屋などで、それぞれ薩摩藩、佐賀藩、福岡藩専用の本陣だった。

薩摩藩主一行も室津で宿泊した後、大坂に入る。一行はここで五日ほど宿泊している。薩摩藩に限らず西国諸藩は大坂に蔵屋敷があったため、藩主一行の宿泊所として使えた。蔵屋敷とは売却予定の年貢米を収納する蔵が置かれた屋敷のことである。

大坂からは淀川を遡上して京都南郊の伏見を目指したが、淀川には参勤大名用の「川御座船」が用意されていた。藩主はこれに乗船した。御供の家臣は一部を除き陸路で伏見へ向かった。伏見でも藩主一行は数日滞在している。伏見にも屋敷があったため、大坂の時と同じく宿泊場所には不自由しなかった。伏見を出立すると、主に東海道を経由して江戸を目指すことになる。

海路から陸路への切り替え

西国諸藩が大船団を連ねて九州の海や瀬戸内海を航行する勇壮な姿は、泰平の世において自家の威容をアピールするのに絶好の機会であった。ところが、時代が下るにつれ、海路よりも陸路を使用する藩が増えてくる。

なぜ、海の参勤交代は消えていったのか。理由はいくつかあるが、海難事故を起こすことへの懸念が最大の理由だろう。

江戸時代初期より、土佐藩は土佐湾から紀伊水道へ進むコースを取っていたが、太平洋を航海するのは当時の航海技術からすると相当な危険を伴った。そのため、享保三年（一七一八）からは四国を陸路縦断して讃岐国に出た上で、瀬戸内海を経由して大坂に向かうコースが定番となる。

しかし、同十年（一七二五）には長州藩の船団が瀬戸内海で海難事故を起こしてしまう。五代目藩主の毛利吉元が江戸参勤の途中、供船のうち天長丸が遭難し、死者と行方不明者合わせて十九人を出す惨事を招いた。この海難事故を機に、長州藩は瀬戸内海航路を取らず、陸路つまり中国路を経由して大坂に向かうようになった。

海難事故には至らずとも海が荒れたり、逆に風が吹かないため足留めを食ったりすることもまま見られた。帆船であるから、風次第にならざるを得ない。

したがって、予定が大幅に狂うことは珍しくなかった。それだけ余計な費用も掛かり、藩財政の負担は増した。

天候に振り回されることを恐れた結果、長州藩のように瀬戸内海航路を避けて陸路（中国路）を取る藩が大半となっていく。

海難事故と流動的な天候への懸念のほか、費用の面もネックだった。数十艘にも及ぶ船の維持管理に莫大な出費を強いられたからだ。参勤交代で使用するのは一年に一回のことで、それも数日から十日ほどの航海に過ぎない。その僅かな期間だけのために、費用を掛けて多数の大型船を維持管理するのはあまりに非効率だった。

老朽化して新造するとなると、また大きな費用を要することになる。そうでなくても定期的な修繕も不可欠であり、御座船は藩のお荷物と化していった。西国諸藩はできるだけ船を使わず、陸路を旅するようになるが、薩摩藩もその例外ではない。

こうして、海の参勤交代は徐々にその姿を消していった。戦国時代以来の御座船も同様の運命を辿るのである。（丸山雍成『参勤交代』）

（3）行動はいつも想定外の連続

様々な規則でわかる不行跡

参勤交代は数日から数十日にわたる団体行動で、それも百人から数百人の規模であったため、道中では何かとトラブルが起きやすかった。そのため、主宰者の藩としては出立前に御供の家臣たちが遵守すべき規則を定め、周知徹底をはかることとなる。

天明八年（一七八八）に秋田藩佐竹家が発した規則では、以下のような禁止条項が列挙されている。

宿場などで押し買いをしない、理不尽なことを言わない、不作法なことはしない……。規則があるということは、そうした行為がみられ、佐竹家にクレームが入っていたのだろう。

規律ある団体行動を取るための方法も提示された。拍子木が時計代わりに使われたのである。一番拍子木で一同起床。二番拍子木で出立の準備。三番拍子木で供廻りを整えて出立に備える、というルールが定められた。宿を出立する時のみならず、道中でも拍子木を合図に家臣たちの行動を統制している。

そして、何事が起きようと我慢することを強く求めた。トラブルについては、江戸に到着した上で、その理非曲直を判断すると申し渡した。

要するに喧嘩口論を厳禁したわけだが、武士の喧嘩は最終的には刃傷《にんじょう》沙汰となる。同じ家中の武士同士ならばまだしも、他の大名の家臣や領民が相手であると、非常に面倒なことなる。よって、家臣たちには自制を強く求めたのだ。

寛永元年（一六二四）に岡山藩池田家が定めた規則では、高い声を出すこと、博打《ばくち》など賭け事をすること、宿で小唄や尺八などの音曲を楽しむこと、遊女を部屋に入れることが禁止されている。

他藩の事例をみると、行列を乱さないこと、大声で話しながら歩かないこと、道が悪くても近道と称して田畑の中を通らないこと、街道は中央を歩くこと、飲酒は厳禁――などの規則が掲げられている。

このように規則は詳細にわたった。延宝八年（一六八〇）に会津藩松平家が定めた規則などは、なんと七十二箇条にも及んだという。（山本博文『参勤交代』講談社現代新書）

どの藩の規則も似たり寄ったりの内容で、実際に道中でみられた行為の数々だったことは容易に想像できる。しかし、どんなに詳細な規則を定めても結局、トラブルが絶えることはなかった。どの大名も後始末に苦しんだのである。

予定変更と大散財を強いられた川留め

旅行中に災害などの不可抗力のトラブルに巻き込まれることが少なくないのは、今も江戸も変わりはない。

参勤交代の経路は幕府の許可制で、前述のように藩側は勝手に決められなかったが、天災のために通行不能となった場合は別である。その場から幕府に使者を送り、経路の変更を届け出て道中を続けた。幕府も事後承認している。幕府の許可が届くまで動けないのでは、まさしく立ち往生であるから柔軟に対応したのだ。

参勤交代で直面した天災と言えば、大雨である。増水による川留めには諸大名が悩まされた。

「箱根八里は馬でも越すが、越すに越されぬ大井川」という言葉が象徴するように、東海道を経由した諸藩にとって最大の鬼門は大井川の川留めだった。

幕末に伊予松山藩士の家に生まれ、明治になって教育官吏となった内藤鳴雪《めいせつ》という人物がいる。鳴雪は自叙伝で、大井川の川留めを次のように回顧している。


東海道を初め、どの道筋でも『川止め』という厄介な事があった。雨が降続いて川が増水すると、危ないというので渡しを止めるのである。（中略）大井川の如きは殊に川止めになりやすかった。川止は実に旅客の迷惑であったが、それに反してその川の

旅の難所、大井川の渡し（「東海道五十三次・嶋田」歌川広重＝国立国会図書館蔵）

> 両岸の土地の者には大いなる幸福であった。それは旅客が泊って金を落すからである。大名となると泊る際には必ず一駅を一行で占有したものであるから、参勤交代が同時である大名と大名とが相次いで来る時、川止となると、前の方の大名が川端の駅に泊ると、次の大名はその次の駅で泊ることにせねばならぬ。川止のためにこの大名達が土地へ落す金は非常なものであった。（『鳴雪自叙伝』岩波文庫）

幕府は軍事上の目的により、大河川への架橋は許さない方針を取っていた。

城郭で喩えると、河川に堀としての役割を持たせていたからだ。

したがって、渡河する際には渡し船に乗ったり、川越え人足に担いでもらったりすることになる。しかし、東海道を横切る形で流れる大井川には渡し船が認められていなかった。そのため、人足に担いでもらうか、人足が担ぐ蓮台《れんだい》に乗って渡るしかなかったが、雨によって増水すると、安全に向こう岸へ渡ることができないとして川留めになる。

参勤交代の大名にせよ、一般の旅人にせよ、川留めは迷惑この上なかった。予定の変更を強いられ、川の手前の宿場での宿泊費が嵩《かさ》むのが悩みの種だった。

しかし、その分宿場にはお金が落ちた。大井川の場合は、前後の東海道金谷《かなや》宿と島田宿がその恩恵を大いに享受した。

渡し船が認められた川であっても、増水で水深が増せば「安全を考えると船は出せない」として川留めとなる。その場合も、宿場は川留めの恩恵を受けることになる。


それで少し雨が多いとなると、危険というほどでもないのに、もう舟は出せないといって止めてしまう。これに対してはいかに大名といえども渡る事は出来なかった。またその土地の舟以外の舟で渡るという事は幕府の禁ずる所であった。大井川の如きも人足が渡してくれねばといって、舟を浮べることは勿論禁ぜられていた。なんでも大井川などは早く増水するように特に渡し場の所だけ深く掘ってあるとかいう話も聞いていた。(前掲書)

大井川では、渡し場の箇所だけ水深を深くしていたという。その分、川留めの可能性は増す。真偽は分からないが、疑心暗鬼を生むほど大井川の川留めには苦しめられたということなのだろう。

大井川で足留めを喰らった熊本藩士が、「これくらいの増水で川留めになるはずはない。どうしても川越えできないのならば、泳いで渡ってみせる」と息巻いたものの、周囲から宥《なだ》められて思いとどまったというエピソードも鳴雪は紹介している。そんな場面は枚挙にいとまがなかったに違いない。

暮れ六ツ泊まりで七ツ立ちの強行軍

こうした不測の事態に、藩側はただ手をこまねいていたのではない。経路変更を想定した対応も取っていた。

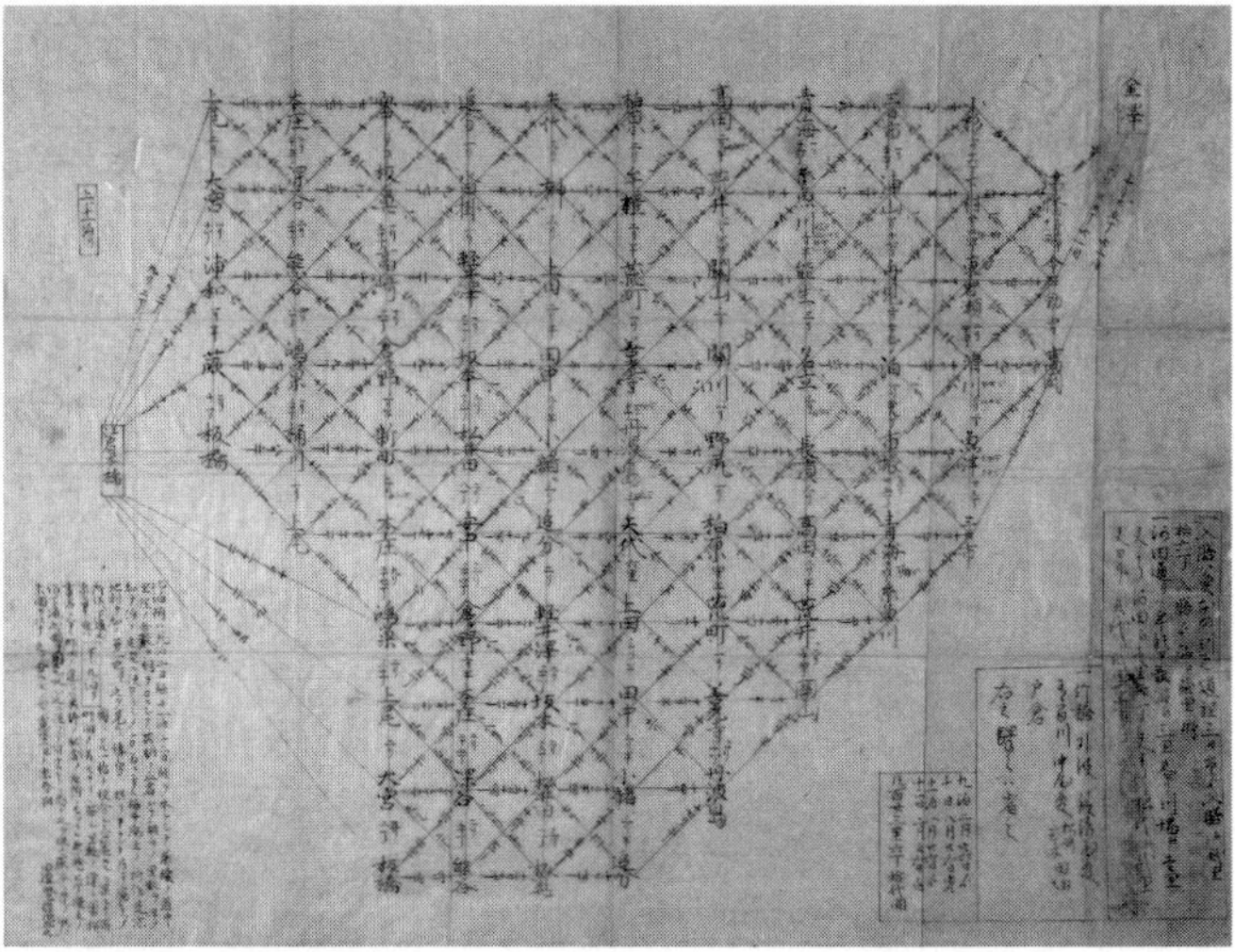

参勤交代の旅程を記す「ダイヤグラム」。右上に金澤、左に板橋と江戸日本橋（「金沢板橋間駅々里程表」＝金沢市立玉川図書館蔵）

あらかじめ、ダイヤグラムを作成していたのだ。参勤交代は幕府に対する大切な義務であり、特に江戸到着が遅れることは許されなかった。

そこで、現代の鉄道会社のような緻密な運行予定表を作成し、経路変更を余儀なくされても極力遅れないような態勢を整えた。

一例を挙げると、加賀藩前田家が作成した「金沢板橋間駅々里程表」という名のダイヤグラムが、現在も金沢市立玉川図書館に残されている。

いずれにせよ、江戸を目指す諸藩の側からすると、早めに行程を進行させるのが安全策だったが、道中は

夜明け前から早立ちの準備（「東海道五十三次・関」歌川広重＝国立国会図書館蔵）

晴天の日ばかりではない。雨の日や風の強い日もある。地域によっては雪の日もある。

そんな風雨や雪の日は、一行の進行速度は落ちて江戸到着が遅れる危険性が生じる。そのため、諸大名はダイヤグラムを作成する一方で、一日の歩行距離をできるだけ伸ばすようにしている。

参勤交代の道中をうたったものとして、「人のわるいは、鍋島・さつま　暮れ六ツ泊まりの七ツ立ち」というフレーズがある。佐賀藩鍋島家と薩摩藩島津家の行列が、暮れ六ツ（午後六時）に旅宿に到着し、翌朝七ツ時（午前四時）には出発することを指している。

日の明るいうちにできるだけ歩いておこうという狙いに加え、宿泊数をできるだけ減らしたいという思いも込められていた。それは宿泊費の節約に直結する。

だが、本陣や旅籠屋にとっては、夜遅くなってから宿に入り、夜明け前に宿を出立するというのは甚だ迷惑であった。なかでも、佐賀藩と薩摩藩の強行軍が悪評だったことは、「人のわるいは～」のフレーズから一目瞭然である。

仮に宿泊予定の宿場に着けず、別の宿場に泊まるとなれば予定していた宿泊はキャンセルせざるを得ない。当然ながら補償金の問題が出てくるが、次の参勤交代の時に宿泊の予約を断られる恐れもあった。

そこで、一日にできるだけ多くの距離を歩こうとしたのだ。ちなみに、参勤交代では一日に平均八～九里（三十二～三十六キロ）歩いたという。

殿様が安眠できたのは駕籠の中だけ

藩主は馬に乗ったり歩いたりすることがあったものの、道中の大半は駕籠での移動を強いられた。駕籠の中は薄い布団が敷いてあるだけであり、腰だけでなく足も痛かっただろう。朝から夕方まで駕籠に乗り通しの日が数日以上も続くとなれば、その苦痛も並大抵ではない。
だからこそ、旅の疲れを癒せる本陣での宿泊はこの上ない楽しみだったはずだが、実はそうでもなかった。先に登場した浅野長勲は次のように語る。

道中は本陣に泊まる。それがすべて陣屋の仕組になっておって、いくさ仕立です。枕許の床の上には、軍器が並んでいる。夜分も世間へは、終夜寝ない事を示すために、枕許に小姓が二人坐っておって、本を読み立てる。ありふれた盛衰記とか、太平記とかいうものを読むので、やはり睡いものですから、一つところを二度読んだりして、おかしくもあるが、枕許で読んでいられるので、なかなか眠れない。ですから、駕籠へ乗ると睡くなって、駕籠の中で眠りました。道中は引戸の駕籠で、煙草も火も入れてある。私は若かったから、時々駕籠を下りて、乗用の馬に乗って行きました。疲れるとまた駕籠に乗る。こういうことは先例もないでもないが、滅多にあることでないので、十二代安芸守が道中、馬に乗った時は、世間で珍しく感じたそうです。（前掲書）

参勤交代の行列とは一朝事あらば、すぐさま戦闘状態に入れるような隊列を組んだ軍装の行列でもあった。仮に敵の襲撃を受け、藩主の身に何かあれば御家断絶が現実のものになり兼ねなかった以上、道中では常在戦場の構えを取らざるを得ない。藩主が宿泊した本陣にしても、そうした事情はまったく同じである。泰平の世とはいえ、それが原則だった。

そのため、藩主の寝所の枕元にも武器が置かれ、警護役の小姓も不寝番として二人座った。実際には寝ている藩主との間に屏風が立てられて、屏風越しに座る形だろう。

常在戦場が建前であるから、夜もずっと起きている様子を周りに見せる必要があった。寝込んでいることが敵に知れれば、夜襲を受ける危険性がある。藩主の寝所は一晩中、明かりが点いている状態だった。

藩主の枕元近くにいる小姓は、「(源平)盛衰記」「太平記」を読むのが習いだが、不寝番を眠らせないようにという思惑もあったのだろう。読む本の内容が軍記物だったのは面白い。

だが、寝ている藩主としては明るい上に傍で読書されては、どうしても気になる。これでは、眠りたくても眠れない。当然ながら、睡眠不足に陥る。

一泊二日の道中ならばともかく、数日から数十日にわたる長旅であるから、どこかで睡眠不足を解消しなければならない。浅野の証言によれば、駕籠で睡眠不足を解消していたことが分かる。藩主が一人になれるのは駕籠の中だけという事情の裏返しと言えなくもない。どの藩主も似たようなものだったはずである。

（4）宿場との金銭トラブルが頻発する

宿泊費を値切った長州藩、ケチな大和郡山藩

天災という不可抗力のトラブルに加え、参勤交代では人為的なトラブルも少なくなかった。その大半は宿泊費をめぐる金銭トラブルだった。

大名は本陣に宿泊するが、御供の家臣の大半は旅籠屋に分宿した。大人数であるから旅籠賃の出費は大きい。少しでも出費を減らしたい藩側は、しばしば引き下げを旅籠屋に強く求めた。安永十年（一七八一）の長州藩毛利家の事例を紹介しよう。

どの宿場かは分からないが、この年の春の旅籠賃は一人一泊百四十三文が相場だった。ところが、長州藩は財政難で諸事倹約中という名目のもと、十五文引き下げて百二十八文にするよう求めた。宿泊を予約した折に旅籠賃もおおよそ決まっていたが、最終的には宿泊直前に正確な額が決められるのが習いであった。

しかし、宿場側にとっては青天の霹靂《へきれき》以外の何物でもなかった。当時は米価が高騰していたことから、むしろ旅籠賃の引き上げを望んでいたぐらいだった。

交渉は難航するが、最終的には五文引き下げの百三十八文で妥協が成立する。

こうした大名側による値切り交渉は、宿場側の評判を当然悪くする。だが、値切ったのは旅籠賃だけではなかった。休憩に立ち寄った茶屋での御茶代を値切る事例さえみられた。大和郡山藩柳沢家などは、全部でわずか二百文しか支払わなかったという。

柳沢家と言えば十五万石の身上で、譜代大名では五本の指に入るほどの大きい藩だ。参勤交代の人数も数百人はいただろう。

それにもかかわらず、その御茶代が現代の貨幣価値に換算して五千円ぐらいでは、いくら財政難とは言え、次のような皮肉を込めた歌が生まれても仕方がない。雲助こと駕籠かき人足たちを通して、街道筋に広まったようだ。

お国は大和の郡山
お高は十と五万石
茶代がたった二百文

本陣備品の破損・紛失は当たり前

参勤交代の一行が宿泊するとなれば、宿場の大混雑は必至である。宿泊が近づくと、宿場ではその出入り口に宿泊予告の札を立てるが、休憩の場合も同じ対応が取られている。本陣の門にも、大名の宿泊を告げる木札が立てられる。これは「関札《せきふだ》」と呼ばれた。関札を持った家臣は宿場に先乗りし、宿泊について本陣の主人と打ち合わせることになっていた。

宿泊当日、一般の旅人は事実上泊まれなくなる。宿場が団体貸し切り同然の状態になるからである。そこで、事前告知の札を出すことで満席札止めによる混乱を最小限にとどめようとしたのだろう。

大名というＶＩＰの宿泊であるから宿場内は厳戒体制が敷かれる。特に本陣はピリピリとした空気に包まれ、トラブルも起きやすい。一般の旅人にしてみれば、君子危うきに近寄らずとなる。

すなわち、参勤交代の一行とは一般の旅人にとり実に迷惑な存在であった。かち合ってしまうと、宿泊もできずトラブルにも巻き込まれやすい。

大人数の宿泊により多大な経済効果がもたらされるはずの宿場側にしても、必ずしもありがたいお客ではなかった。旅籠賃の引き下げを強要された事例は既に紹介したが、大名が宿泊する本陣の場合、意外にも大名家から宿泊代は受け取っていない。祝儀という名目で宿泊代が下されている。

問題はその額だが、なんと一〜二両が相場だった。

本陣には藩主とともに藩主を守る大勢の家臣も宿泊する以上、現在の貨幣価値で十万〜二十万円ほどの宿泊代では、とても割に合わなかった。

さらに困ったことには、本陣の調度品は紛失・破損する事例がたいへん多かった。権威を傘に着た藩側の仕業であった。

食事に出したお椀や小鉢、銚子などの食器は、食事後に全部戻ってくる方が稀だった。煙草盆《たばこぼん》や煙管《きせる》も同じだ。武士だけでなく、雇った人足たちも加わった仕業だ。さらに、酔いに任せてか刀で部屋を傷付けたり、障子を破ったりすることも少なくなかった。

こんな無体なことをされても、相手はお大名である。本陣側としては泣き寝入りせざるを得なかった。

本陣は旅籠屋とは違って誰でも泊まれる施設ではなく、大名や幕府役人専用の宿泊所である。要するに稼働率がたいへん低い。陸奥国の郡山宿本陣の記録によると、宿泊は月にほぼ一回の割合だった。

稼働率が低い上に、祝儀という名目の宿泊代で済まされてしまう。その一方、本陣の威厳を保つためには、維持管理に伴う多額の出費は避けられなかった。

本陣経営は、とても採算に合うビジネスではない。大名が宿泊するという名誉だけが得られたに過ぎなかった。

藩主が宿泊した本陣の主人からは、土地の名産などが献上されるのが仕来りで、返礼として銀が下賜されるのが習いである。広島藩浅野家の場合、昼食の休憩所とした本陣に銀二枚、宿泊所とした本陣には銀五枚を下賜するのが慣例だった。

ところが、藩側は献上された品の受け取りを拒絶するようになる。受け取らなければ、銀を下賜せずに済むからであった。

宿泊キャンセルの補償金はどうなった?

宿場との間で起きた最大の金銭トラブルと言えば、宿泊のキャンセルだ。それも直前のキャンセルとなれば宿場に多大な損害を与え、当然ながら補償問題が生じる。その点は、今も江戸もまったく同じである。

キャンセルの理由は、主に悪天候を原因とする日程の遅延だった。増水で川留めとなれば、宿泊の予定は狂わざるを得ない。

寛政十年（一七九八）の加賀藩前田家の江戸参勤は、雨に祟《たた》られた旅だった。

加賀国金沢を出立した藩主前田治脩《はるなが》の一行は越中→越後→信濃→上野→武蔵という経路を進む予定だったが、越中国の片貝川で最初の川留めに遭う。大雨で片貝川が増水して川留めとなったため、一行は手前の魚津での逗留を余儀なくされた。これに伴い、越後国能《の》生《う》宿（現糸魚川市）での宿泊予定日は四月九日から十一日へと変更される。

その後、片貝川の川留めが解除されたため、ようやく越後国に入れた。だが、今度は姫川が増水する。またもや川留めとなり、一行は予定の十一日に能生宿に到着できなかった。やむなく、手前の糸魚川宿での宿泊に変更したが、宿泊の準備を整えていた能生宿は大損害を被る。

十二日朝、糸魚川宿を出立した行列は、やっと能生宿に着いた。しかし、休憩しただけで、そのまま高田城下に向かってしまう。その日は、先の荒井宿で宿泊している。

加賀藩にしてみれば、参勤の日程が大幅に遅れており、能生宿に宿泊するわけにはいかなかった。日程の遅れを取り戻すため、できるだけ先に進んでおかなければならない。だが、能生宿にとってみれば、それは加賀藩の事情である。二回も予約が取り消された揚げ句、休憩だけの通過では到底納得できなかった。

こうして、本陣の主人大島市左衛門が宿場の代表として加賀藩との交渉に当たることになった。実は四十年ほど前の宝暦四年（一七五四）にも同じようなことが起きていた。その時は、本陣に五両、家臣たちが宿泊予定の旅籠屋には六十両が補償金として能生宿に支払われていた。

加賀藩の一行を追いかけるように、荒井宿にやって来た市左衛門は補償交渉を開始する。しかし、交渉がまとまらなかったため善光寺まで追いかけ、またも交渉を続けている。

それでも埒《らち》が明かなかったため、結局江戸での交渉となる。

その結末はどうなったのか――。残された史料は何も語っていない。

第五章

乱暴極まりない武士・公家の旅

品川宿を通る武士たち（東海道五十三次・品川〈部分〉）歌川広重＝国立国会図書館蔵）

（1）将軍の権威を傘に着た幕臣の出張旅行

ぶつかり合う旗本と大名のプライド

前章では参勤交代という団体旅行が街道筋や宿場に大きな経済効果をもたらした反面、様々なトラブルを引き起こしていた実態を明らかにしたが、幕府や朝廷の命を受けた旗本や公家の出張旅行でもトラブルは日常的な光景だった。将軍や天皇の権威を傘に着て笑う者がいる一方で、泣き寝入りを余儀なくされた者が大勢出ていたのである。

本章では、そんな旗本や公家の出張旅行における泣き笑いに焦点を合わせる。まずは幕府の権威を傘に着て横車を押した旗本の行状を紹介しよう。そのターゲットになったのは、なんと大名だった。

参勤交代の道中では、大名行列同士がかち合うことが稀ではなかった。江戸参勤する大名と国元に帰国する大名が対向する形になる場合もあれば、同じ宿場に宿泊するという形でかち合う場合もみられた。

大名行列がかち合った時、解決の原則は当の大名の格である。格上の大名に対して格下の大名は道を譲らなければならなかったが、一国一城の主としてのプライドのぶつかり合いでトラブルが起きる恐れがあった。

仮にトラブルとなって刃傷沙汰が起きると、幕府からは「喧嘩両成敗」ということで両家とも処罰されてしまう。よって、諸大名は互いに遠慮し合いながら、できるだけ行列同士がかち合わないよう努めた。そうした事情は大名同士だけでなく、大名と旗本の場合も同じだった。

旗本は一万石未満で将軍への御目見得資格のある幕臣のことだが、将軍の家臣という点では一万石以上の大名と同じであり、大名に対しては同格としてのプライドを持っていた。それも幕府つまり将軍の命を受けた使者の場合は、将軍の権威を傘に着て大名を見下す所行も珍しくない。大名側も将軍の権威の前には泣き寝入りせざるを得なかったのが実情である。

よって、大名側は幕府の公務で出張する旗本とかち合わないよう努めたが、宿場でも同宿しないよう細心の注意を払っている。

公務で奥州街道を旅行したことのある旗本の江連堯則《あきのり》は、同宿の問題について次のように証言する。

一宿に二、三大名が泊まり合わすこともあるが、とかく面倒が起るもので、私が江戸を立って千住へ泊まる日取りの時に、ちょうど仙台侯も江戸発程、千住泊まりということになったので、千住から宿役人が交渉に参ったから、私は僅かの人数だから譲って、脇本陣へ泊まってもいい、仙台侯に本陣をお使いなさいと答えたが、とうとう仙台侯は一日延ばして、翌日千住泊まりにした。全体こちらは公用だから我儘を言うことも出来る。だから用人の悪い者などはわざと理窟をつけて、袖の下をむさぼる計画をするなど、不都合な奴もあったそうです。（桂園「御朱印道中・御目付」『幕末の武家』）

奥州街道最初の宿場である千住宿で、江連と仙台藩伊達家が同宿になりそうになった時のことである。六十二万石の石高を誇る仙台藩は東北一の大藩であり、さすがに江連は遠慮した。自分は脇本陣に泊まると伊達家に申し出て本陣を譲ったところ、仙台藩はこの申し出を固辞した。互いに譲り合うことで無用のトラブルを防いだ事例と言えよう。

だが、江連の言葉を使えば、将軍の権威を傘に着て「我儘《わがまま》」を言う事例もみられたのだろう。その場合は、次にみるようなトラブルに発展する危険性も高かったのである。

野宿させられた仙台藩伊達家の怒り

天保十三年（一八四二）のことである。

翌十四年四月には、十二代将軍家慶による日光社参が予定されていた。日光社参とは、初代将軍家康が祀られる日光東照宮に現将軍が詣でることである。不定期に挙行された行事だった。

日光社参の日程は次のとおりである。江戸城を出立した将軍は初日岩槻城、二日目古河城、三日目は宇都宮城に宿泊し、四日目に日光に入った。日光には連泊し、その後同じ経路を取って江戸城に戻った。都合八泊九日の道中となる。

その下準備のため、勘定奉行跡部《あとべ》良弼《よしすけ》と目付佐々木一陽が古河宿に入った。幕府公務の出張旅行だった。跡部は旗本で、天保改革を断行中の老中首座水野忠邦の実弟である。

古河宿には先客がいた。

前年に家督を継いで仙台藩の第十三代目藩主の座に就いたばかりの伊達慶寿《よしとし》（後の慶邦《よしくに》）

が、はじめてのお国入りのため古河宿に宿泊していた。だが、跡部たちは公用旅行であることを傘に着て、本陣に宿泊中の慶寿たちを追い出し、自分たちが宿泊してしまう。仙台藩一行は古河宿を出て、野営を余儀なくされた。

当然、仙台藩は激高する。跡部と佐々木の引き渡しを幕府に強く求めた。引き渡さないならば、以後参勤しないとまで申し立てたという。

江戸参勤の拒否となれば、幕府から叛逆の意思を疑われることになる以上、これはさすがに事実ではないだろう。だが、仙台藩の怒りようがよく分かるエピソードだ。

仙台藩と跡部良弼のトラブルは、一国一城の主である大名側のプライドと、幕府（将軍）の御威光を背負った旗本のプライドが正面衝突した事例なのである。

御茶壺様の御通りだ

東北一の雄藩が宿場を追い出されて野営という屈辱を味わわされる。これほどの権威を誇った将軍の御威光は、献上品が運ばれる道中でも大いに示された。そのシンボルこそ、将軍への献上茶を入れた御茶壺である。いわゆる御茶壺道中だ。

将軍への献上品に対しては、将軍と同じ対応が義務付けられた。献上茶を入れた御茶壺

大いに迷惑だった茶壺道中（「御茶壺之巻〈部分〉」＝国立国会図書館蔵）

の道中に出会えば、たとえ大名といえども、これに道を譲って駕籠から降りなければならない。しかも土下座だった。そのため、御茶壺道中を差配する旗本の一行は向かうところ敵なしと、将軍の権威を借りて乱暴な所行に及ぶことが少なくなかった。そのため、御茶壺が通過する道筋の庶民たちは後難を恐れ、家の戸をピシャッと閉めて行列が通過するのをひたすら待つようになる。

　こうして、「茶壺に追われてトッピンシャン」というフレーズが生まれたとされる。

　御茶壺の道中は、江戸を出立すると東海道を経由して宇治に向かう。宇治で御茶を受け取ると、再び東海道を経由して江戸へ戻った。通過する東海道筋の諸藩では、藩主あるいは家老が出迎えることになっていた。

　御茶とはいえ相手は将軍様であるから、その気の遣いようは尋常ではなかった。

宿場を通過する度に各地の名産が献上されている。例えば、駿河の興津《おきつ》宿では生魚が献上されたが、先を急ぐと言って置いたままにすると、江戸への帰途、干鯛に変身しており、土産として持ち帰れるようになっていた。虎ならぬ将軍の威を借りて各地で祝儀を受け取り、あるいはその土地の美味しい物を食べ飽きるほど食べたという。羨ましい話だ。

一方、御茶壺の一行とかち合うと土下座を強いられる諸大名は、かち合いそうになると必死に逃げ回ることになる。御茶壺の一行を差配した者は明治に入ってから次のように回顧している。

御茶壺は大名衆の鼻摘《はなつま》みで、道中で行逢う事なんかがあると、出迎えねばなりませんから、ソレと聞いて寺へ逃込み、逗留して遣過《やりすご》させる大名もあれば、鼻薬を配って無難を祈るのもあります。これが役徳でした。宇治へ着きますのは十三日目ぐらい、御茶壺は宇治へ持込み、我々は三条木屋町《さんじょうきやまち》へ陣取りました。気楽で威張れて、下に居ろで、御入用お構いなし。モウあの夢は二度と再び見られません。（篠田鉱造『増補幕末百話』）

道でかち合いそうになると、寺に逃げ込んでやり過ごす大名もいれば、行列を差配している者に鼻薬つまり賄賂を贈り、何か難癖を付けられないようにする大名もいた。差配する者にとっては役得に他ならない。幕府つまりは御茶壺道中も消滅した明治の世からみると、夢のような世界だった。

大井川などの川留めが解除された時も、御茶壺の行列が渡らなければ大名の行列といえども先に川越えできなかった。

諸大名御茶壺に落合って、大分お腹《なか》が痛みます。ソレは袂《たもと》の下を遣いますからな。……川が開いた時にも御茶壺が先へ渡らなければ渡る事が出来ません。イヤ将軍の召《めし》喫《あが》る御茶すらこれでした。……大した御威勢のもので……。（前掲書）

こうした公用旅行の光景を通して、将軍と大名の隔絶した格差が全国各地で視覚化されていたのである。

（2）日光例幣使で財産を築いた貧乏公家

日光東照宮の建立と日光社参の開始

元和二年（一六一六）四月十七日、徳川家康は駿府城で波乱万丈の生涯を終えた。その遺言により、遺骸は駿河国久能山《くのうざん》にいったん埋葬されたが、翌三年（一六一七）には日光山に改葬される。

同年三月に、家康を祀る東照社が二代将軍秀忠により造営されたからだ。日光への改葬も家康の遺言に基づく対応であった。

前月の二月、朝廷は家康に「東照大権現」という神号を与えた。この神号に因《ちな》んで東照社と名付けられたのである。そして、家康は「東照神君《しんくん》」となった。

天台宗の日光山輪王寺《りんのうじ》が東照社を管轄したが、そのトップの貫主（輪王寺宮という）は皇族つまり宮様で、京都から法親王（出家した親王）が迎えられるのが習いだった。

東照社の建物が面目を一新するのは三代将軍家光の時代である。寛永十一年（一六三四）、家光は総工費五十六万八千両を掛けて社殿の大改築を開始した。それから二年後の同十三年（一六三六）に壮麗な社殿が完成をみる。

正保二年（一六四五）、東照社は朝廷から宮号を下賜され、以後東照宮と呼ばれるようになった。日光東照宮の誕生である。

以後、日光には将軍をはじめ諸大名や公家、そして一般庶民も参詣した。併せて、日光街道の整備も進み、現存する杉並木も植樹されていく。

毎年、家康の命日にあたる四月十七日には例祭が執行された。将軍みずから参列することもあり、これを日光社参と呼ぶ。

前述したように日光社参は往復で八泊九日の道中だったが、将軍に御供をする形で諸大名も随行した。

もちろん、将軍も大名も大勢の家臣を連れて日光に向かったため、幕府や藩は莫大な出費を余儀なくされる。沿道の農民たちも幕府から助郷《すけごう》役を賦課され、その負担に苦しむ。助郷とは、物資輸送を目的として人馬を提供することであった。

そのため、幕府は次第に日光社参を控えるようになる。毎年の例祭には将軍の名代という形で代参使を派遣することで済ませた。日光への代参使を務めたのは、殿中儀礼の指南や勅使の接待を職務とした旗本の高家《こうけ》である。

日光例幣使の派遣とは何か

日光東照宮の例祭には幕府だけでなく、朝廷も幣帛《へいはく》を奉献するための勅使《ちょくし》を派遣した。この勅使は「奉幣使」と呼ばれ、毎年派遣されたため「例幣使《れいへいし》」とも称された。

東照宮への奉幣使派遣とは、そもそも幕府からの要請に応えたものだった。一方、幕府は朝廷の権威を借りることで東照宮の権威向上を狙った。

最初に奉幣使が派遣されたのは元和三年のことだが、正保三年（一六四六）からは毎年の派遣が恒例となる。ここに、日光例幣使の歴史がはじまる。

例幣使に任命されたのは、朝廷では参議などを務める中級クラスの公家である。一行の人数は五十～六十人ほどで、家康百回忌など特別な時は倍増となる。

例幣使は、どういう経路を取って日光に向かったのか。

京都を出立した例幣使は、まず中山道を経由して東へ向かう。碓氷峠《うすい》を越えて関東に入り、上野国の倉賀野宿まで進んだ。この倉賀野宿で中山道を離れて道を東に取ったが、倉賀野宿から下野国の楡木宿《にれぎ》までが、日光例幣使街道と称された道筋だった。楡木宿からは

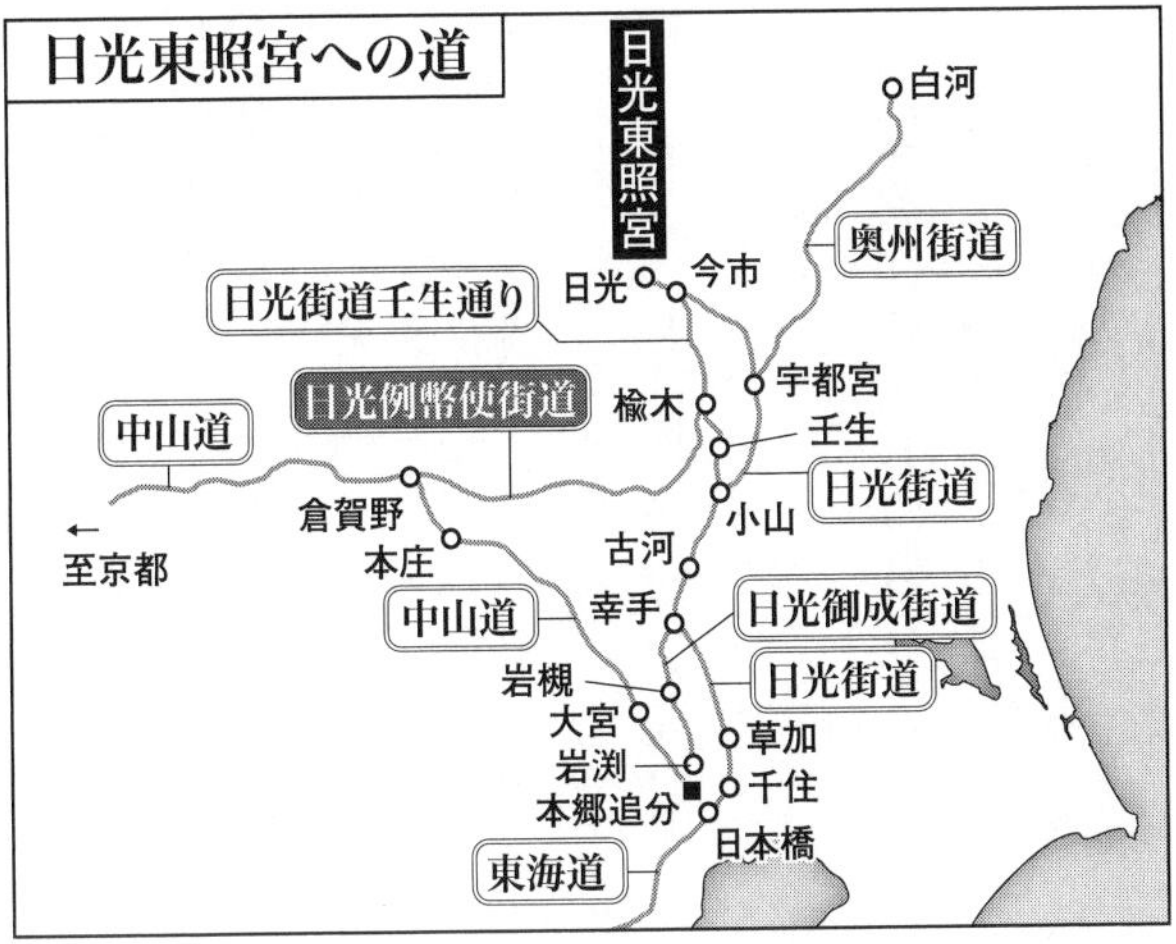

日光街道壬生《みぶ》通りを今市宿まで進み、今市からは日光街道を進んで目的地の日光に至る。

例幣使一行が京都を出立するのは、例年三月末から四月一日までの期間であった。中山道と例幣使街道、そして壬生通りや日光街道を経て、遅くとも四月十五日には日光に到着することになっていた。

往路に中山道を取って東海道を避けたのは、大井川などでの川留めを恐れたからである。中山道は東海道に比べれば山道や峠道が多かったものの、河川は少なかった。その分、川留めの危険性は低い。

例祭の前日にあたる十六日、例幣使は神前への奉幣を行い、翌日の例祭に備えた。ただし、例祭自体には参列せず、奉幣を済ませると帰路に就く。

帰路は今市宿から壬生通りを経由し、小山からは日光街道に道を取る。その後は、一路江戸に向かった。

江戸では、奉幣が済んだ旨を幕府に報告した。その後、東海道を経由し、四月末には京都に戻っている。

例祭に遅れるわけにはいかなかったため、往路は川留めの危険性が少ない中山道を取ったが、任務を果たした後は旅程が遅れても構わなかったわけだ。川留めの危険性があっても、山道の少ない東海道を選んだのである。

つまり、帰路は例幣使街道を通っていない。日光例幣使街道とは、いわば年に一回、片道しか利用されない街道だった。

「パタル」と呼ばれた例幣使のインチキ収入

幕府の要請に応えて毎年京都から派遣された日光例幣使には、中級クラスの公家が任命されたが、例幣使を望む者は非常に多く狭き門となっていた。

なぜ、公家は例幣使に任命されることを強く望んだのか。役得があったからだ。

例幣使を一度でも務めると、「御釜を興《おこ》す」ことができたという。財産を作れたのである。そのため、生活苦に喘《あえ》ぐ公家たちにとり例幣使に任命されることは垂涎《すいぜん》の的だった。

当の公家だけではない。その話を聞き付けた出入りの米屋、豆腐屋、薪炭《しんたん》屋などが押し掛け、御供をさせて欲しいと求めてくる。概して公家は懐が寂しく、出入りの商人への払いが滞っていた。ところが例幣使の御供をすると、出入り商人側にもこれまた役得があったのだ。

例幣使は駕籠に乗って日光へと向かったが、道中でわざと駕籠から落ちるのが日常的な光景となっていた。身分が高い公家であるから、怪我でもされたら一大事である。

その上、例幣使の役目とは歴代将軍も頭が上がらない東照神君へ幣帛を奉献することだった。そんな大事な役目を帯びた身分の高い公家に怪我を負わせたとなれば、ただで済むはずがない。

一行には宿場で用意した駕籠かき人足や荷物を運ぶ人足たちが同行していたので、例幣使は彼らにクレームを入れる。徴用された人足たちはその土地の農民であり、次の宿場まで一行を送り届けることが役目だが、落ち度があったと糾弾するのである。

まったくの言いがかりだが、農民（人足）たちには相手が悪すぎた。公家から幕府に訴えられては厳罰を免れない。

そこで登場するのが、お決まりの袖の下だ。例幣使に金銭を渡すと、落ち度はなかったことになる。

駕籠からわざと落ちることは「パタル」と呼ばれた。「パタル」の回数分だけ、例幣使の懐は重くなるというからくりだ。こうして、ひと財産作れたのである。

例幣使がこんなありさまであるから、御供の者たちも何かと難癖を付けて金子を巻き上げるのが常だった。袖の下がたんまりと貯まり、京都へと戻る。

そんな話が知られていたからこそ、出入りの米屋たちが例幣使の御供に加わりたいと求めてきたのである。「つけ」があった公家は弱みに付け込まれた形で御供に加えた。それは米屋たちへの支払いが済んだことを意味していた。

例幣使が行き来する道中ではこんな光景が毎年繰り返されていた。運悪く例幣使に関わった人足たちからすると災難に他ならない。道中、御供に化けて駕籠に乗っていた出入りの米屋たちの行状については、次のような証言も残されている。

下向の途中イヤモウ辛《ひど》い言懸りをする。特《こと》には米屋、薪屋、豆腐屋、豆屋が烏帽子直垂《ひたたれ》の扮装《いでたち》ゆえ、威張り散《ちら》すのみか、役徳をしよう〳〵と目懸けて、人足の百姓に辛《えら》い無心を引掛けたもんです。一、二例を挙げますが、コノ御供廻りが言合したように皆駕籠から落ちるのでがす。ソレが無理やりに落ちるのではない飛出すので、落ちて置いて「誠にその方共は怪《けし》からぬ。公儀へ申上げ、何分の御沙汰に及ぶ」という難題。一同恐入って「何分共《なにぶんとも》に御内済《ごないさい》」と、両の袂《たもと》へ若干金を入れると、渋い顔がニコ〳〵顔となり、「一同注意せイ」。（『増補幕末百話』）

烏帽子《えぼし》や直垂を付けて公家に化けた米屋たちが幕府に訴えるぞと人足たちを脅していた様子が、鮮やかに浮かび上がってくる証言である。

切り刻んだ古い幣帛が初穂料に化ける

例幣使の役得は「パタル」や、接待に落ち度があると宿にクレームを入れることで巻き上げた金子だけではない。色紙や短冊に揮毫《きごう》して、本陣に支払う宿泊料に代えることも珍しくなかった。

宿泊代は支給されているわけであるから、その分例幣使の懐に入る。宿泊料を期待する本陣にとっては、有難迷惑この上ない。

例幣使が領内を通過する諸藩にとっても、招かざる貴人だった。通過の際には御機嫌伺いの使者を送る必要があったが、何と言っても勅使であるから粗略にはできない。何らかの進物を携えて宿所に出向くことになる。財政難の藩にとっては小さくない負担だった。

さて、東照宮に赴いた例幣使は新しい幣帛を神前に奉献し、去年奉献した幣帛を持ち帰ることになっていた。だが、それで話は終わらない。古い幣帛を細かく切り刻み、諸大名から庶民に至るまで希望者に配っている。

もちろん、無料ではない。「初穂料」はしっかり受け取る。元手は掛かっていないため、配った分だけ、帰路は懐が重くなった。

こうした役得により、一度でも例幣使に任命されると財産を作ることが可能だったのである。

日光例幣使は、人足として徴用された農民、宿所の本陣そして道筋の諸藩にとり、幕府や朝廷の権威を傘に着る迷惑この上ない存在だった。だが、見方を変えると、それほど公家は生活苦に喘いでいた。公家のトップである摂関家の近衛家でさえ、所領は中級旗本クラスの三千石に届かない。他の公家などは推して知るべしだ。

所領から徴収する年貢だけでは生計を立てられなかったのが実情で、サイドビジネスで糊口《ここう》を凌いでいた。和歌や書道など伝統文化の家元となることで、その免許料を貴重な収入源としたのである。だから、多大な役得が期待できる例幣使への希望が殺到したのも無理はなかった。

公家だけではない。禁裏御料《きんりごりょう》と呼ばれた皇室の所領にしても三万石に過ぎず、その経済力は小大名レベルだった。幕府はもとより、諸藩と比べても朝廷の経済力は微々たるものに過ぎない。

しかし、そうは言っても天皇の権威は幕府にとって必要不可欠だった。そもそも、将軍にとり天皇は任命権者であり、天皇から大政を委任されることで幕府は存在し得た。天皇つまり朝廷あっての幕府であり将軍だった。朝廷から箔付けされることが幕府権力の源泉となった。それゆえ、家康を祀る東照宮への例幣使の派遣を朝廷に求め続ける。

こうした幕府側の事情を背景に、日光には公家が毎年派遣された。その裏では、例幣使や御供の者による所行に泣かされる者が毎年出ていたのである。

（3）藩士たちの引っ越し旅

「三方領知替」による藩士の転勤騒動

旗本や公家が公務の旅行で起こしたトラブルをみてきたが、武士のなかでも藩士は参勤交代の御供を務めることで、江戸と国元の間を毎年行き来した。藩の公務として加わったわけだが、全藩士が対象ではなかった。

ところが、否応なく、全藩士が公務として旅行しなければならない時もあった。お国替えの時である。幕府から当事者の藩に転封の命が下ると、藩主はもとより藩士や家族がまるごと転封先に引っ越す必要があった。藩にとっては実にたいへんな旅行となる。

以下、延享四年（一七四七）に幕府が命じた国替えの事例を通して、引っ越し旅の実像をみていこう。

この年の三月十九日、陸奥国の磐城平《いわきたいら》藩内藤家七万石（藩主内藤政樹）は日向国延岡へ、延岡藩牧野家八万石（藩主牧野貞通）は常陸国笠間へ、そして笠間藩井上家六万石（藩主井上正経）は磐城平へと国替えとなった。転封は一対一とは限らず、三大名を一度に転封する「三方領知替」も江戸時代を通じて十回を超えた。四大名が一度に転封する「四方領知替」までみられたが、今回は三方領知替である。

幕府が国替えを命じる理由は様々だが、幕閣の要職に任命されると、遠国の大名は江戸に近い関東や中部地方に転封されるのが慣例だった。当時、延岡藩主の牧野貞通は京都所司代の要職を務めており、九州に所領を持つ牧野家を関東に転封させるため笠間井上家を国替えさせようとしたのが、この三方領知替のはじまりだろう。井上家には関東に割合近い東北の磐城平を与えたが、とばっちりを受けたのがその地の内藤家だった。

現在の福島県から宮崎県への引っ越しを突然命じられた内藤家では大騒ぎとなる。しかし幕府からの国替えの命令に従わなければ改易は免れない。すぐさま、引っ越しの準備に着手する。

大人数が禁じられて三々五々の分散旅に

内藤家に限らず、国替えの対象となった三藩は、幕府に伺いを立てながら準備に取り掛かった。悩みの種は藩士と家族の移動、莫大な量にのぼった荷物の運搬をいかにしてスムーズに完了させるかであった。それに必要な経費の確保も同じく悩みの種である。

まずは、磐城平から延岡までの行程を決めなければならなかったが、参勤交代の時と同じく、経路については幕府の許可を事前に得ておく必要があった。結局、以下のルートを取ることが決まる。

江戸までは奥州浜街道を進むことになる。奥州街道が内陸部を走る街道だったのに対し、浜街道は太平洋沿岸を走る街道だ。磐城平の城下は、ちょうど浜街道沿いに位置した。

浜街道を南下していくと、奥州街道白河関と並んで関東と奥州の境の関所として知られた勿来関《なこそ》が現れる。勿来関を越えて関東に入ると水戸藩領となるが、水戸からは水戸街道を経由して江戸へ向かう予定だった。

水戸街道と奥州街道の合流点である千住宿まで出ると、中山道の板橋宿へ道を取り、一路上方に向かう。京都南郊の伏見経由で大坂に到着した後は、瀬戸内海経由で海路延岡港に到着という行程であった。

上方へ向かう際に選んだのは東海道でなく中山道だが、先にみた日光例幣使は大井川などでの川留めを恐れ、往路は東海道ではなく中山道を取った。しかし、内藤家の場合は川留めへの懸念が理由ではない。

各宿場にはリレー方式で人馬が用意されていた（「東海道五十三次・藤枝」歌川広重＝国立国会図書館蔵）

東海道を通行するとなると箱根関所の通過は避けられないが、大人数での通行となるため、通過に手間取ることが予想できた。一方、中山道にも碓氷関所が設けられていたが、実は内藤家分家の内藤政苗《まさみつ》が藩主を務める上野国安中《あんなか》藩領の関所であり、諸事都合が良いと判断したのである。

同族の誼《よしみ》により、関所をスムーズに通過できるのではと期待したわけだ。箱根関所は幕府から業務委託される形で小田原藩が管理したが、碓井関所は安中藩が業務を委託されていた。

内藤家は道中奉行に願い出て、中山道通行の許可を得る。

その際、道中奉行は内藤家に対し、毎日少しずつ中山道を通行するようにと釘を差していた。参勤交代の時のように、大人数で一斉に通行することは禁じられた。通行する人馬が多いと宿場が迷惑するからである。

各街道の宿場には荷物を運送するための人馬が常備されていた。東海道の各宿場は人足百人と馬百匹、中山道の各宿場は人足五十人と馬五十匹を常備する定めだった。次の宿場まで人足や馬をもって荷物を送り届けると別の人馬に荷物が積み替えられ、その次の宿場へ送るシステムになっていた。リレー方式で荷物が継送されたが、大人数が通行する場合は常備の人馬では賄い切れなかった。

その場合は、「助郷」と称して宿場周辺の農村に人馬を提供させたが、京都から姫君が将軍のもとに輿入れする時や、外交使節の朝鮮通信使が通行する時など特別な事情に限られた。つまり、内藤家の引っ越しは助郷の対象ではなかった。

そこで、宿場は常備の人馬で対応することになるが、内藤家が大人数で通行しては宿場側が困るとして、毎日少しずつ通行するよう申し渡したのである。これを受け、内藤家では中山道を通行する予定の人数を一日ごと、道中奉行に届け出ている。

引っ越しの荷物だが、その総量は四千駄余にも及ぶと見積もられていた。当時、陸路は馬が主たる輸送手段で馬一匹に載せる荷物を一駄と称した。荷物の輸送にのべ四千匹の馬が必要だったことが分かる。その運送費だけで四千両余必要と試算された。

国替えには莫大な費用が掛かるのが常である。内藤家ではおおよそ二万両と見積もったが、そんな大金を急に用意できるはずもなく、出入りの商人たちから借りるか、御用金などの名目で差し出させるしか道はなかった。

二万両と見積もられた国替えの費用で最も掛かったのは、四千両余と試算された荷物の輸送費ではない。「引料《ひきりょう》」と称された藩士への引っ越し手当てが費用の大半を占めた。

大量に発給された関所手形と面倒だった武具改め

内藤家は幕府から、磐城平城の引き渡し日を八月七日と申し渡されていた。

幕府が国替えを命じたからといって、すぐに城や所領の引き渡し（受け取り）が実行されたのではない。国替えの命令とは人事の内示のようなもので、実際に異動発令となるのは城の引き渡し（受け取り）の日だが、それまでは三～四カ月の月日を要するのが通例だった。

今回の三方領知替では、同じ八月七日に磐城平、延岡、笠間の三カ所で城の引き渡しが行われることになっていた。その際には、幕府が江戸から旗本を上使として派遣し、現地で見届けるのが慣例である。

八月七日に、内藤家は笠間から転封されてくる井上家に磐城平城と所領を引き渡す予定だった。だが、その前に藩士と家族は城下を引き払う必要があった。引き渡しの十日前までには引き払わなければならない。

道中奉行からは少しずつ移動するよう要請されていたこともあり、引き渡し日よりもかなり前から、藩士たちは磐城平を出立している。六月二十日頃から七月二十日頃にかけて、家族を連れた藩士たちは順次引っ越しを開始した。

引き渡しの十日前には城下の武家屋敷はもぬけの殻となった。だが、引き渡されるまで井上家の家臣たちは屋敷には入れず、十日ほど空き家になってしまう問題があった。内藤家では番人を付けて管理したが、これもまた物入りだった。

引っ越しに先立ち、内藤家では幕府に関所手形の交付を願い出ている。

前述のように、旅に出る時は身元証明書とも言うべき往来手形を携帯するのが決まりだが、女性が関所を通過する際には幕府発給の関所手形の提示が別に必要だった。関所手形は各領主が幕府に発給を申請する定めであり、内藤家では藩士の妻・母・娘たちの関所手形を一括して申請し、その数は一〇四五にものぼった。今回の国替えでは、千人以上もの女性が延岡へ引っ越したことが分かる。

内藤家では延岡までの長道中、藩士たちが問題を起こすことをたいへん懸念した。喧嘩口論はもちろん、押し買いや押し売り行為、遊女遊び、博打などを厳禁する条目が藩内に提示されている。

引っ越しの道中で気を遣ったのは藩士たちの所行だけではない。武具の運送では、それ以上の神経を遣っている。武具には具足や馬具のほか、槍・鉄砲・弓矢などの飛び道具も含まれるが、なかでも各関所での飛び道具のチェックは厳しかった。箱根関所ではなく、安中関所が設けられた中山道を選択した理由にもなったのは既に触れたとおりだ。

その上、陸路だけではすべての武具類を運送し切れず、海路で延岡まで運ばなければならなかった。海路の場合は江戸湾の玄関口に設けられた浦賀奉行所に船を回して検査を受けることになっていた。同所でも飛び道具のチェックはたいへん厳しく、内藤家は事前の準備に苦労している。具足や馬具は梱包した状態での検査で済んだが、槍・鉄砲・弓矢は数が確認できるようにしておかないと荷を解かれた上での検査となったからだ。

引っ越しを開始してから約一カ月半後にあたる八月十二日、幕府が派遣した上使の立ち会いのもと、内藤家は牧野家から延岡城とその所領を受け取る。予定では八月七日だったが、海が荒れて上使の到着が遅れたため、五日遅れでの引き渡しとなった。

引き継ぎのため残っていた牧野家の家臣は延岡を退去して笠間へ旅立つ。代わりに、内藤家の家臣とその家族が城下の武家屋敷に入っていく。

笠間では残っていた井上家の家臣が退去して磐城平へ向かい、代わりに延岡牧野家の家臣とその家族が笠間城下の武家屋敷に入った。磐城平では同じく残っていた内藤家の家臣が延岡へ向かい、井上家の家臣とその家族が城下の武家屋敷に入った。各上使も江戸への帰路に就いた。

ここに、延享四年の三方領知替、三藩の藩士たちの引っ越し旅は無事に完了したのである。（安藤優一郎『お殿様の人事異動』日経プレミアシリーズ）

第六章

自粛を求められた将軍の旅

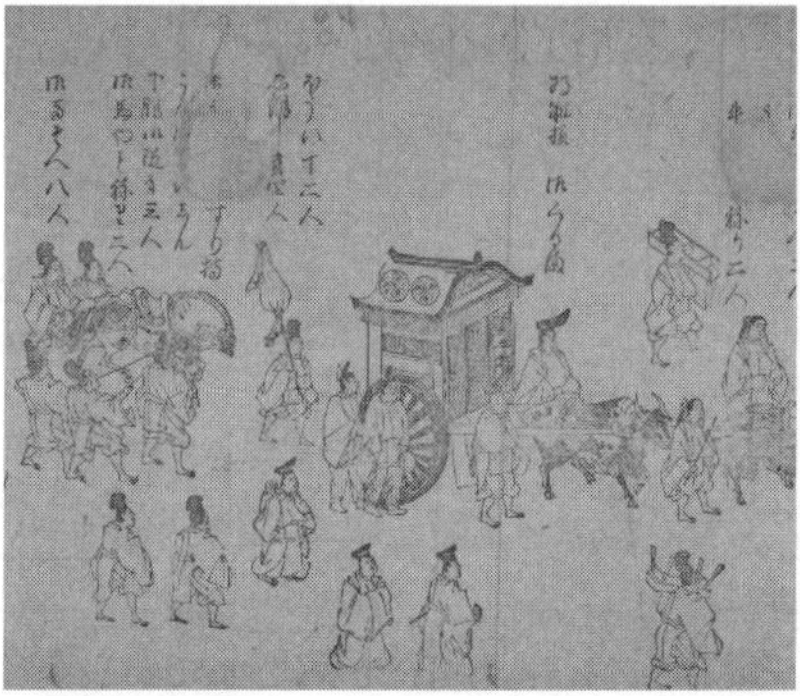

将軍の上洛行列（「御上洛絵草子〈部分〉」＝国立国会図書館蔵）

(1) 将軍が城外に出ると銭湯は休みとなった

将軍御成時の「戒厳令」

国のトップが移動すると、厳しい警備態勢が敷かれ、行く先々が大わらわになるのは今も江戸時代も変わらない。社会に与える影響力の大きさゆえ、将軍は行動の自由が極度に制限され、旅行も自粛せざるを得なかった。

そのため、将軍は生涯のほとんどを江戸城内で過ごすことを余儀なくされたが、城外にまったく出なかったわけではない。年に数回程度、濠《ほり》の外に出ている。

将軍が城外に出ることは御成《おなり》と呼ばれた。本来、御成は皇族や摂政・関白など朝廷の最高実力者の外出を意味する言葉だが、江戸時代は主に将軍の外出を指して使われた。

将軍が御成と称して江戸城外に出る用件としては、歴代将軍の霊廟《れいびょう》がある上野の東叡山寛永寺や芝の三縁山《さんえんざん》増上寺への参詣が挙げられる。両寺への参詣は現将軍として果たさなければならない公務だが、鷹狩りと称して江戸近郊の農村に出かけることも定期的にみられた。両寺への参詣に比べれば、プライベートの性格が強い御成だった。

時代劇で将軍が密かに城を抜け出して江戸市中を出歩く場面があるが、まったく事実ではない。仮に城外に出る時は、あらかじめ江戸市中に向けて予告されることになっていた。お忍びで城外に出ることなど決してなかった。

御成日の前日には、当日の警備を担う役人が将軍が通行する予定の地域に出向いてくる。明日、将軍が御成になる旨を予告するためだが、その事前通告の方式は今から見ると何とも奇妙なものであった。

きちんとした時代劇で参勤交代の大名行列が描かれる時、先頭を行く先払いの武士は手に鉄製の棒を持ち、地面を突きながら歩いているはずだ。その鉄棒の先には鉄の輪がいくつも付いていて、その音がジャラジャラいうため、鉄棒は「すずむし」と呼ばれた。大名行列の通過を予告する音でもあった。

将軍御成の場合も警備の役人は、すずむしこと、鉄棒を持って該当地域を巡回する。その音で、明日の御成を予告した。

御成の当日、将軍は実質上日本で一番のＶＩＰであるから、市中には厳戒態勢が敷かれる。警備陣も神経質にならざるを得ない。

将軍は駕籠に乗って目的地に向かうが、その警護役を務めたのが御家人《ごけにん》の御徒《おかち》である。御成の際には御徒組二十組のうち二組が「御供番《ともばん》」、四組以上が「御道固《みちがため》」の役を務めた。将軍が通る道筋は御成道と呼ばれ、御成道を通過する際、現場で警備にあたることを御道固と呼んだのである。

駕籠に乗った将軍の行列に加わっていた御供番は、その先頭を行く。通過する道筋に不都合がないかどうか注意しながら進み、そのうち四人が白扇を開いて「お払い、お払い」と声を上げながら、駆け足で先を走るのが習いだった。この白扇が、間もなく将軍の行列が通過するというサインなのである。

一方、御道固の御徒は行列が通過する一刻（二時間）くらい前から、各持場に張り付いて警戒にあたった。現代でも、要人が通過する時によく見られる光景だろう。二階の窓が開いていないか確かめたり、人払いを命じたりした。そして、同僚の御徒が白扇を開いて駆けてくるのを見ると、周辺を通行止めにした。

このように、江戸の町に交通規制が敷かれた。その後将軍が通過すると御成道の規制は解除となる。将軍が江戸城に戻ると、町は再び平穏な日常を取り戻すのであった。

御成道の家々には目張り・窓蓋

将軍がひとたび城外に出るとなると厳重な規制が敷かれたわけだが、その余り、御成道には人影がみられなくなるという事態まで生じていた。当時の日本人にとってはごく当たり前だった光景も、外国人の目には異様に映った。

幕末になると、日本が開国したことで江戸に外交使節団が常駐するようになる。オランダ領事ポルスブルックは、将軍の行列が御成道を通過していく様子を次のように描写している。

将軍はめったに宮殿を離れないが、ひとたび出るとなると必ず大勢の御供を連れた盛大な行列を組むのだ。将軍の行く道には誰もいてはいけない。だから将軍が通る通りはまったく人影がなく、家々は閉まっており、戸や窓の隙間まで紙で張りつけてある。（『ポルスブルック日本報告』雄松堂出版）

御成道に人影がまったくなかったことだけでなく、道筋の家々の雨戸が閉められ、戸や窓の隙間も紙で目張りされていることに驚きを隠せなかった様子が窺える。これは幕府の指示によるものだが、自国では見られない光景であった。

ポルスブルックは語っていないが、御成道に面する各町は、事前に道を掃き清め、水を打つことが求められた。その証明として、盛り砂、立て砂、箒《ほうき》、飾り手桶をあらかじめ出しておくことも義務付けられた。

盛り砂、立て砂とは、円錐状に砂を高く盛り上げたものである。現在でも寺社の境内などで目にするだろう。箒は竹箒。飾り手桶は木製で、桶には水も入っていたはずだ。こうした対応は貴人をお迎えする時の作法として定着していた。もちろん将軍はその対象である。

こうした一連の処置は将軍への敬礼表現に他ならないが、警護役人による御成道のチェックも非常に厳しかった。チェックに不手際があったとして、現場役人が処罰された例も少なくない。御成道に面する屋敷の門前に筵《むしろ》が放置されていたことで、関係者が進退伺いを提出して謹慎処分を受けた事例までみられる。

よって、現場がピリピリした空気に包まれるのは避けられなかった。その空気を察して町人たちは御成道に出なくなり、家の中で行列通過を静かに待つというのが一般的となる。

後難を恐れたのだ。

こうして、不自然なほど整頓され、さらに異様な沈黙と緊張感が支配するなか、将軍の行列が無人の御成道を通過していく。その光景を見て、ポルスブルックは驚きを隠せなかったのだ。

将軍が河川や堀などの水路を船で進む場合も、両岸に立ち並ぶ家々の窓や雨戸は同じく目張りすることが求められた。

窓の場合は、あらかじめ蓋《ふた》が付いている場合があった。これは窓蓋と呼ばれ、蓋を降ろして窓を塞ぐ仕組みになっていた。町家だけでなく、御成道に面する大名屋敷なども同じだった。

幕府が将軍の姿を人々の眼に触れないようにしたのは、直接見てはいけないない崇高な存在として認識させようとしたからだ。将軍の存在を限りなく遠いものにすることで、その威光を感得させようとの狙いである。

煙止めの強制とお徒湯という例外

御成日には様々な規制が敷かれた。なかでも江戸っ子の生活に最も影響を与えたのは、御成道の周辺地域で火の使用が一切禁止されたことだろう。これを煙止《けむど》めと称した。ただし、まだ真っ暗な当日午前○時を期して、火の使用が禁止されたのではない。明六ツ時（午前六時）の日の出を境に煙止めとなる。将軍が江戸城に戻ると、火の使用禁止も解除になった。

だから御成日となると江戸っ子は大変だった。午前六時までに飯の煮炊きを済ませておかなければならない。

規制対象は各家庭にとどまらなかった。料理屋など火を使う商売も、軒並み休業を余儀なくされた。将軍が江戸の町に出た時に火事が起こることを、幕府はそれだけ恐れていたのである。

江戸には湯屋とも呼ばれた銭湯がたいへん多かった。江戸っ子の憩いの場ともなっていたが、当然湯屋の営業は禁止となる。

ところが、将軍を警護する御徒の組屋敷があった下谷《したや》御《お》徒町《かちまち》の湯屋のみ、当日も営業が黙認されていた。御徒が入るからである。この湯屋をお徒湯、あるいは御免湯とも称したが、何か矛盾しているような気がしないでもない。

下谷にお徒湯というのがありますが、これは『御免湯』といって、公方様御成中にも火を焚き、御徒衆が入浴したもの、言わばわがままな話なんです。(『増補幕末百話』)

御成日になると、お徒湯は別として、江戸はまさに火の消えた町になった。失われたのは火だけでなく、活気も失われる。外国人が奇異の目で見つめたように、御成道には人影がなく異様な沈黙が支配した。しかし、その静寂は御成道だけにあてはまることではなかった。

浅草寺を中心に、浅草は江戸の賑わいを象徴する町である。将軍が浅草寺に参詣することもあったが、その時は浅草の雰囲気が一変する。御成当日の浅草の激変ぶりについて、『甲子夜話《かっしやわ》』の著者松浦静山は次のようなエピソードを紹介している。

ある時、将軍が浅草寺に参詣したが、その眼に映った浅草は非常に静かだった。参詣者相手に飲食を提供する店や芸を披露する芸人の小屋が境内には溢れているはずなのに、まったく消えていたからだ。

かねてから浅草の賑やかさを伝え聞いていた将軍は不審に思い、御側の者に尋ねた。どうして、浅草は今日こんなに静かなのか。

御側の者は、次のように答えた。本日は将軍の御成日であるため皆も慎み、店や小屋を引き払ってしまったのでございます。それを聞いた将軍は、ならば、いつか御成ではない日に参ることにしようと返した。（松浦静山『甲子夜話続篇』平凡社東洋文庫）

しかし、将軍である限りは、浅草を何度訪れても目にする光景は同じとなる。浅草の賑わいを実見することは永遠にできないという笑い話である。

掃き清めて水を打っておくことが求められたように、将軍の御成空間は清められていなければならなかった。目障りなものは片付け、あるいは覆い隠す必要があった。

江戸の町は浅草に限らず、屋台などの形で多くの飲食店が路上で営業していたが、御成の時は道筋にあたるエリアでは立ち退きが求められた。幕府から目障りと判断されたからである。あまり知られていないことだが、浅草だけでなく、将軍が訪れる場所すべてがそうであった。

（2）大名庭園で疑似旅行

大名屋敷内に造られた全国各地の名所

行動の自由が極度に制限された将軍は、江戸城の外に出ることも年間数回程度に過ぎなかった。庶民と同じように気ままに旅行へ出かけることなど夢のまた夢だったが、そうした事情は諸大名も同様である。

諸大名の場合、国元に居る時はともかく、参勤交代で江戸に出府した時は江戸屋敷内にじっと閉じこもることが多かった。国元とは違い、幕府の監視下に置かれていたからである。大目付という諸大名の監察を任務とする幕府の役職も存在した。

要するに、羽目を外すと不行跡として処分されるのではと危惧し、堅苦しい生活を余儀なくされたのだ。実際、次のような事例もある。

寛保元年(一七四一)に、藩祖(榊原康政)が徳川四天王の一人で譜代名門の姫路藩主榊原政岑《まさみね》は、吉原での遊興が過ぎて隠居に追い込まれた。さらに、榊原家は越後高田へお国替えとなる。これは事実上の懲罰を意味していた。

したがって、大名は江戸在府中、御家安泰のため行動には細心の注意を払う必要があった。その結果、屋敷に閉じこもりがちとなる。そんな大名にとって、屋敷内に造成された広大な庭園での散策は唯一と言っていい楽しみであり、この上ない癒しになっていた。それが、いわゆる大名庭園である。

広さ数万坪に及ぶ庭園も少なくなく、十万坪を超えるものまであった。都内に現存する六義園《りくぎえん》は五代将軍綱吉の寵臣柳沢吉保《よしやす》が造成した庭園で、規模は三万坪。これから取り上げる尾張徳川家の戸山屋敷内に造営した戸山荘に至っては十三万坪を超えた。

大名庭園の様式は、一般に「池泉《ちせん》回遊式庭園」と呼ばれている。広大な池や泉を中心に、築山、石、橋、茶屋などが各所に配置されたスタイルだ。園内を回遊しながら景勝の数々を楽しめる造りとなっていた。

六義園は紀州和歌山・和歌浦の、和歌にも詠まれた景観が表現された池泉回遊式庭園で、江戸に居ながらにして各名勝が味わえた。水戸藩の小石川後楽園でもミニチュアサイズながら渡月橋をはじめ京都の名所が復元されており、同じく江戸に居ながらにして京都を旅することができた。

このように、旅に出たような感覚を少しでも味わいたい大名の切なる思いを満たす工夫が園内各所には施されていた。

本物そっくりの宿場町

数ある大名庭園のなかで、将軍までもがその評判を聞きつけて訪ねた庭園がある。尾張藩の庭園、戸山荘はその一つだ。

現在の東京都新宿区に位置する戸山荘も六義園や後楽園と同じく、園内を回遊しながら景勝の数々を楽しめる池泉回遊式庭園のスタイルが取られていた。景観の素晴らしさは現存する絵巻からも一目瞭然だが、山あり谷あり、巨大な池や滝、のどかな田園風景まである見所満載の庭園であった。そのうち二十五カ所のスポットは「戸山荘二十五景」として広く喧伝された。

この二十五景のなかでも、戸山荘の名前を高らしめたのは東海道小田原宿をモデルにしたと伝えられる「御町屋通り」である。自由に旅行できない殿様に旅の雰囲気を味わってもらうための粋な趣向だった。

御町屋通りには、三十七軒もの町屋が七十五間（約一四〇メートル）にわたり建ち並んでいた。一軒の間口は平均約三間（約五・五メートル）で、時代劇のセットのように実寸大に造られた。

米屋・酒屋・味噌屋・八百屋・炭屋・油屋・菓子屋・薬種屋・瀬戸物屋・小間物屋・和本屋・植木屋・旅籠屋などの店舗が軒を連ね、弓師・矢師・鍛冶屋などの職人の店もあった。

宿場町には大名が泊まる本陣が置かれたが、町屋通りにも「古駅楼」と称された本陣が立っていた。これもまた戸山二十五景の一景で、虎屋という暖簾《のれん》が掛けられているのがミソである。

古駅楼の看板や幔幕《まんまく》には密清丹・龍眼丸など薬を連想させる言葉が記され、奥には虎の画の屏風があった。小田原宿の薬屋虎屋藤左衛門の店を連想できる仕掛けがいろいろ施されていた。

当時、虎屋藤左衛門は小田原で喉《のど》の薬・外郎《ういろう》を扱う薬屋として広く知られ、薬屋の虎屋と言えば小田原の虎屋を連想するのがごく普通だった。そのイメージを前提とした仕掛けにより、御町屋通りは小田原宿をモデルにしたものと考えられているのである。

小田原の西方には箱根の山が聳え立っているが、戸山荘にも御町屋通りから巨大な池を挟んで玉円峰と呼ばれた小山があった。玉円峰も戸山二十五景の一景で、御町屋通りの近くにあったことで、後に箱根山と称されるようになる。

高さ約四十五メートルの玉円峰は現存しており、早稲田大学キャンパスに隣接するこの一帯は戸山公園と呼ばれている。

仮想空間・東海道小田原宿を旅する将軍徳川家斉

いわば仮想旅行を戸山荘で楽しんだのは尾張藩の殿様だけではない。十一代将軍の家斉《いえなり》も何度か訪れている。家斉が戸山荘をはじめて訪れたのは寛政五年(一七九三)三月二十三日のことである。

その日、家斉は鷹狩りを楽しんだ後、戸山荘に向かった。その近くの放生寺《ほうじょうじ》で昼食を取った後、随行の家臣たちとともに戸山荘に足を踏み入れる。

園内の景勝を楽しみながら、まず茶亭に入った。茶亭では家斉のために握り飯・団子・田楽といった軽食が用意されていて、家臣も御相伴に預かっている。

その後、家斉たちは園内の見所へ足を運ぶ。

二十五景の一景・龍門の滝のアトラクションは戸山荘の名物の一つであった。巨大な池から滝に流れ出てくる水を、あらかじめ堰《せ》き止めておく。訪問者たちが渓流の飛び石の上を渡り切ると、板を外して滝に水を落とした。そうすると、今まで渡って来た飛び石が水中に没するのだ。

もちろん、「小田原の宿場町」にも家斉一行は入っていく。

普段、店頭に商品は何も置かれていなかったが、将軍などのゲストを迎える時になると暖簾が掛けられ、看板が飾られ、商品が陳列された。ただいま営業中というわけだが、将軍はもとより、随行の武士たちもウインドーショッピングが楽しめる趣向になっていた。

御町屋通りの各店舗では、米・酒・味噌・醤油・野菜・茶などの食料品が並べられた。将軍の目に留まった商品はお土産として献上された。

生ものの団子や田楽などは本物そっくりに造られたレプリカだった。店頭に並ぶ鯛・鯖・鰹などもレプリカだが、魚の場合は注文すると、なんと本物の生魚を出してきた。たいへん凝った接待ぶりである。

食料品の店だけではない。本屋や薬屋もあった。

本屋の店頭の棚は、唐本・和本、そして袋に入った新板の草子《そうし》でいっぱいだった。薬屋の店頭にはあらゆる薬が陳列され、家斉の御供で随行していた医師も驚いたほどだった。

両替屋には、天秤・分銅のほか大福帳や硯も置かれた。どの店も、店内は本物そっくりに再現されていた。

評判の仮想空間、戸山荘全景図（「尾州公外山園荘之図」＝国立国会図書館蔵）

小田原の虎屋を模した前述の古駅楼（本陣）には紫と白の縮緬《ちりめん》の幔幕が張りめぐらされ、将軍の御座所となった。そして、家斉一行には酒肴《しゅこう》が振る舞われている。

将軍の御供をして戸山荘を訪れた武士たちは無礼講とばかりに、酔いに任せて駕籠に人を乗せて担ぐなど、はしゃぎ回った。旅の恥はかき捨てといったところだろうか。城内ならば到底許されない振る舞いだが、家斉は黙認している。

この日、現実には不可能な東海道小田原宿の旅を、家斉一行は心ゆくまで楽しんだのである。（安藤優一郎『大名庭園を楽しむ』朝日新書）

(3)「従軍絵師」が描いた将軍の上洛

「御上洛東海道」シリーズの誕生

将軍は江戸城の外に出ることさえ年数回程度に限られていたが、幕末になると三度にわたって上洛する。その将軍とは十四代家茂《いえもち》であった。

ペリー来航に象徴される外圧のため開国を余儀なくされたことで、幕府（将軍）の権威は低下の一途を辿り、対照的に天皇を奉じる朝廷の権威は急上昇する。これに危機感を抱いた幕府は天皇と緊密に結び付くことで、みずからの権威を回復させようとはかった。いわゆる公武合体路線だ。

幕府の要請により、文久二年（一八六二）二月に孝明天皇の妹和宮《かずのみや》が家茂の御台所《みだいどころ》として降嫁したが、それだけでは足りなかった。江戸城の将軍が京都にいる義兄の天皇のもとに赴くことで、公武合体を目に見える形で天下に示そうと目論む。ここに、家茂の上洛が政治日程にのぼる。

翌三年（一八六三）二月十三日、家茂は上洛の途に就いた。将軍の上洛としては、寛永十一年（一六三四）の三代家光以来、実に二百二十九年ぶりのことであった。

家茂は東海道を経由して京都に向かった。陸路での上洛は莫大な費用が掛かるため、当初は軍艦での上洛が予定されていた。陸路では一カ月近く掛かるが、海路ならば数日で着けるはずだった。

ところが、前年に起きた生麦事件の賠償金支払いを求め、その頃イギリス軍艦が横浜港に向かいつつあった。そのため、将軍を海上で危険に晒すわけにはいかないとして、幕府は陸路での上洛に急遽変更する。家茂が京都に入ったのは三月四日のことである。

家茂の行列には大勢の警護の武士のほか、浮世絵師が十六名も随行していた。当時、江戸で大変人気のあった歌川豊国一門の絵師たちである。彼らの役目は東海道を西に向かう将軍の大行列を描くことだった。

箱根関所を通過する、上洛途上の将軍（「東海道名所風景・箱根」一光斎芳盛＝国立国会図書館蔵）

東海道を描いた浮世絵といえば、何といっても初代歌川広重が天保四年(一八三三)に発表した「東海道五十三次」だろう。日本橋から京都までの五十三の宿場を描いた作品だが、その空前の大ヒットは広重の名前を不朽のものとした。

出版界では、この大ヒットを契機に東海道の名所を描いた東海道物シリーズが一大ブームとなる。歌舞伎役者の似顔絵と名所を取り合わせた「役者東海道」、美人と名所を取り合わせた「美人東海道」などが次々と出版され、ついには将軍の上洛の様子を描いた「御上洛東海道」というシリーズも登場する。

このシリーズは他の東海道物とは異なり、幕府の命により描かれたものだった。二回にわたって企画され、文久三年(一八六三)二月の家茂上洛時が一回目である。

将軍随行に伴う費用は幕府持ちで、もちろん浮世絵師たちには手当も付いた。毎日、鰻《うなぎ》が出されるという至れり尽くせりの待遇だった。こちらの意図どおりに、気分良く描いてもらおうという幕府の思惑が見える。

他の東海道物と同じく、御上洛東海道シリーズでも各宿場の様子が描かれているが、宿場を通過する将軍の大行列の勇壮さがテーマである点で、他の東海道物とは一線を画す。名所の景観をアピールするためではなく、将軍の権威を人々に再認識させたい幕府の目論見が秘められた企画だった。

そもそも、将軍の上洛という一大イベント自体にそうした意図が込められていた。豊国一門の浮世絵師は、いわば従軍記者として幕府のメディア戦略に動員されたのである。

将軍家茂の最後の上洛

二度目の上洛は翌年正月、海路であった。幕府の軍艦に乗船して大坂湾に向かっている。大坂に上陸して、そのまま京都に入った。

三度目の上洛は二年後の慶応元年（一八六五）のことである。初回と同じく陸路、つまり東海道を経由して上洛した。前回は駕籠での上洛だったが、今回は軍装姿で騎乗していた。幕府に抵抗姿勢を崩さない長州藩の討伐（第二次長州征伐）を目的とする上洛であり、将軍の軍事力を誇示する必要があったからだ。

陣羽織姿の家茂が江戸城を出陣して東海道を西に向かったのは五月十六日だが、既に同月五日に先鋒が江戸を出陣していた。その後も続々と出陣し、東海道は京都に向かう数万の軍兵でごった返した。

今回の上洛に際しても、再び豊国一門の絵師が動員されて将軍の行列に随行している。

この二回にわたる「御上洛東海道」というシリーズを通じて、人々は将軍の御威光を再認識したことだろう。

そこまでは幕府の思惑どおりだったが、家茂が再び江戸城に戻ることはなかった。上洛後の家茂は大坂城に入城して征長軍の本営とし、長州藩領に軍勢を攻め込ませる姿勢をみせたものの、実際に開戦となったのは翌二年（一八六六）六月七日のことであった。

しかし、緒戦から各戦線で敗退が続く。心労が増したためか家茂は病の床に就き、重篤な状態に陥る。病名は脚気《かっけ》だ。

翌月の七月二十日、長州藩との戦いの敗報を聞きながら家茂は大坂城で病死する。ここに、将軍権威の失墜は決定的なものとなった。

「御上洛東海道」を通して、将軍の御威光を知らしめようとした幕府の意図は、結局のところ果たせなかったのである。

シュリーマン、将軍を発見す

前述したが、トロイア遺跡の発見者、ハインリッヒ・シュリーマンが幕末の日本を訪れていることはあまり知られていない。まして、軍装姿の将軍を目撃したことなどまったく知られていないだろう。

シュリーマンはトロイア遺跡発掘をはじめる前、一年以上にもわたって世界を旅行している。中国（清）には二カ月ほど滞在し、万里の長城も見学した。そしてアメリカに向かうが、その途中、日本に立ち寄ったのである。

先に記したように慶応元年五月十六日、家茂は長州藩討伐のため江戸城を出陣したが、同じ月の十一日にシュリーマンは横浜に上陸し、外国人居留地のホテルに入った。その直後、家茂が東海道を通過するという知らせが居留地に飛び込んでくる。

幕府は横浜の外国人居留地に対して、来る十七日に将軍家茂が東海道を通過すると通告した。

併せて、将軍の行列見物を慎み、街道に出てこないよう要請した。幕府は家茂の軍勢と外国人がトラブルを起こすのを非常に恐れていたのだ。先述したように、東海道神奈川宿近くで起きた生麦事件が念頭にあったことは言うまでもない。

三年前の文久二年（一八六二）八月二十一日に、薩摩藩主島津茂久の実父久光の行列を遮ったとして、行列を守護する薩摩藩士がイギリス人を殺傷する事件を生麦村で起こしていた。多額の賠償金支払いなど、この事件の後始末にさんざん苦しめられた幕府が、その二の舞いを極度に恐れたのは至極当然であった。

しかし、居留地の外国人は家茂率いる軍勢の見物を強く希望した。その総意を受けてイギリス総領事が幕府に掛け合った結果、前日の十六日に街道筋から少し離れた場所での見学が特別に許可された。その裏には、外国人にも将軍の強大な軍事力を知らしめたい幕府の意図が秘められていた。

その場所は東海道保土ケ谷宿の手前で、その時の様子をシュリーマンは次のように語っている。


わたしは一時間半ほど歩いて、大君の行列を見物するために外国人に用意された件の木立の繁みに着いた。すでにそこには百人ばかりの外国人と、その監視のために三十名ばかりの警吏が参集していた。それからさらに一時間半ほど待つと、行列が通過し始めた。（シュリーマン『日本中国旅行記』「新異国叢書」第2輯6、雄松堂書店）

シュリーマンは横浜居留地から一時間半ほど歩き、幕府から指定された見物用の場所に到着したという。百人ほどの外国人と、警備の幕府役人が既に集まっていたが、なかなか行列はやって来なかったようだ。

一時間半ほど待ち、ようやく家茂率いる軍勢が通過しはじめる。そして、シュリーマンたちの前に、栗毛色の馬に乗っていた家茂がその姿を現した。この年、数えで二十歳になったばかりだった。


かくして、ついに大君（俗界の事実上の皇帝）が、他の馬のように蹄鉄を打たずに麦藁のサンダルをつけた立派な栗毛色の馬に乗って登場した。大君（陛下）は二十歳位に思われた。王者にふさわしく幾分色黒の端正な容貌の持主であった。この君主は金糸の刺繡で縁どられた白い衣装を纏い、黄金箔の施された漆塗りの帽子を被り、二本の刀を差していた。さらに、二十人ほどの白い衣装を着けた貴顕者の一団が大君を護衛し、行列の殿《しんがり》をつとめていた。（前掲書）

横浜居留地の外国人が見物している様子は、「御上洛東海道」シリーズの保土ヶ谷宿編でも描かれている。遠眼鏡を使って行列を見物する構図だ。

しかし、四度目の将軍上洛はなかった。前述したが家茂は大坂城で病没し、その跡を継いだ十五代慶喜《よしのぶ》は将軍として江戸に戻ることなく、慶応三年（一八六七）十月に幕府を消滅させる。大政奉還だ。

そして、十二月の王政復古により、将軍職自体が廃止されたのである。

第七章

外交使節、江戸へ行く

船上のオランダ人（「阿蘭陀人舩中之図」〈部分〉盧谷＝国立国会図書館蔵）

（1）オランダ商館長の「参勤交代」

カピタンの江戸参府、百六十六回

江戸時代は鎖国の時代といわれるが、他国との交流がまったくなかったわけではない。西洋ではオランダ、東洋では朝鮮と琉球との間に外交あるいは通商関係があった。よって、この三カ国は幕府に外交使節を派遣している。使節は将軍のお膝元の江戸まで出向いた上、江戸城に登城して将軍に拝謁するのが習いだった。

訪日した外国人は江戸までの道中で見聞きしたものを、詳細に書き留めている。プロローグでも指摘したとおり、彼らが残した記録は江戸の社会に関する貴重な証言となる。

一方、幕府は来日した使節をあたかも服属使節であるかのように、国内向けにはアナウンスしていた。幕府に服属つまり臣従を誓うために江戸に参勤してくる諸大名と同様の位置付けをはかったのである。

まずは、オランダ使節の江戸への旅からみていこう。

オランダは長崎の出島に商館を置いていた。オランダ領東インド会社の支店の一つである出島の商館には、「カピタン」と呼ばれた商館長、「ヘトル」と呼ばれた次席、そして台所役、荷倉役、筆記役、医師など十名前後の商館員が常駐した。医師には冒頭で取り上げたケンペルのほか、鳴滝塾を開いて蘭学の礎を築いたシーボルトがいたことが知られている。

商館長は一年の任期で、長崎に着任した際に海外情報を取りまとめて長崎奉行に提出するのが定めだった。それがいわゆる「オランダ風説書《ふうせつがき》」である。同書は長崎のオランダ通詞を通じて翻訳され、江戸に届けられた。幕府当局は翻訳されたオランダ風説書を通じて、鎖国していながらもリアルな世界情勢を知ることができた。

幕府は旗本から任命した長崎奉行を派遣し、オランダ商館を管轄下に置いた。併せて長崎の都市行政を担当させ、貿易の管理や外交交渉にもあたらせた。

オランダ商館長が幕府から課された義務にはオランダ風説書の作成・提出に加え、毎年江戸に参府して江戸城で将軍に拝謁することもあった。貿易を許可されていることの御礼を申し述べるとともに、その継続や要望を願い出ることが参府の目的だった。

当初、江戸参府は不定期だったが、寛永十年（一六三三）から毎年の参府となる。寛政二年（一七九〇）以降は五年に一度に改定された。嘉永三年（一八五〇）まで続いたオランダ商館長による江戸参府は、計百六十六回を数えた。

商館長一行は前年の暮れに長崎を出立し、翌年正月に江戸に到着するサイクルだったが、寛文元年（一六六一）からは正月十五日か十六日の長崎出立となる。江戸城で将軍に拝謁するのは三月一日か十五日で、五月か六月に長崎に戻った。

江戸までの経路だが、当初下関までは海路であった。しかし、玄界灘で遭難する危険性を鑑み、小倉までは陸路に変更される。小倉からは瀬戸内海を進み、室津あるいは兵庫で上陸した。

その後は陸路である。大坂・京都を経て東海道を江戸に向かった。

商館長一行には、正式な随員として書記・医師など三〜四人が加わった。一行の全メンバーは意外にもオランダ人は少なく、日本人が大半だった。長崎奉行所の役人から任命された正・副の検使、通訳や会計の任にあたる江戸番大通詞と小通詞、町使が二人、書記が二〜三人、料理人が二人、定部屋小使が二人、そのほか日雇頭や宰領頭などが一行に加わったため、総勢五十九人であったという。実際はもう少し多かったらしい。

人数が膨れ上がった要因としては、将軍やその世継ぎへの献上品、老中や若年寄などの幕閣、そして京都所司代・京都町奉行、大坂城代・大坂町奉行への進物を持参していたことが大きかった。運搬の人足がかなり必要だったのである。

道中で、おもてなしの駅伝リレー

では、オランダ商館長の江戸までの旅をみていこう。

先に登場したケンペルはオランダ人ではなく、実はドイツ人の医師だった。当時はオランダ人しか訪日できなかったが、商館付の医師としてオランダ人に化けることで日本の土を踏めた。

元禄四年（一六九一）と五年（一六九二）の江戸参府に、ケンペルは商館長に同行して江戸に向かった。そして、長崎と江戸の間を二回往復した時の紀行文が著書『日本誌』（翻訳文が先出の『江戸参府旅行日記』）に収められている。以下、その記録を通じて旅の様子を復元してみる。

諸大名の参勤交代と同じく、大半は陸路だった。一日にできるだけ長く歩いた事情もまったく同じである。江戸城で将軍に拝謁する日が決まっていた以上、できるだけ歩いておく必要があった。川留めの可能性もあり、予定から遅れることも想定しておかなければならなかった。

諸藩の領内を通過する際には、以下の「おもてなし」を受けた。

われわれがある藩領から他の藩領に入ってゆくと、すぐにそこの藩主から派遣された重臣が、主人からの歓迎の挨拶を伝えるためにわれわれを出迎えるが、彼には自身でオランダ人と話をすることが許されていないので、上席検使や通詞に挨拶し、同時に旅行に必要な馬や荷物を運ぶ人足をあり余るほど提供してくれ、オランダ人一人一人に、四人の従者または警護の者を付けてくれるが、全体の行列には黒い絹のよい服装をした堂々たる二人の侍大将が杖を持って先頭に立ち、国境まで案内し、そこでわれわれの同行の日本人たちは、なお酒(Sacki)と肴(Sakana)のご馳走になる。(ケンペル『江戸参府旅行日記』)

まず、藩の重臣が挨拶に出向いてくる。続いて、商館長一行が希望する分だけ人馬を提供し、オランダ人警護の人数も提供した。領内通行中の安全をはかるためである。

行列の先頭には、先導役として侍大将が二人付いた。マラソンで選手の先頭集団を誘導する白バイの警官のような存在だろう。領内を出るまで、この警備体制は続いた。他領に入ると、今度は当該藩の重臣が出向いてくる。道中の間、こうした「おもてなし」が駅伝リレーのように行われた。

外交使節の行進（「東海道五十三次・原」葛飾北斎＝国立国会図書館蔵）

参勤交代の大名と同じく、商館長一行は宿場の本陣に宿泊したが、その際にはオランダ領東インド会社の幔幕と紋章が門の前に掛けられた。大名の紋所にあたるだろう。

われわれが泊る宿舎は、大名が毎年の通過の際滞在するのと同じ所で、それゆえに各地で一番上等である。旅館では、大名の流儀に従って直ちに品のいいオランダ領東インド会社の幔幕と紋章が掛けられるが、日本の習慣からこの幕によって、そこに泊っている身分の高い客を知らせるためである。(前掲書)

江戸参府の道中では、オランダ人は宿場の本陣を宿所としたが、小倉・下関・大坂・京都・江戸では専用の宿所・オランダ宿に泊まることになっていた。

小倉では大坂屋善五郎方、下関では佐甲三郎右衛門か伊藤杢之允、大坂では長崎屋五郎兵衛、京都は海老屋与右衛門、江戸では長崎屋源右衛門がオランダ宿として指定されていた。

帰路はのびのび観光旅行

江戸に到着すると、いよいよ将軍への拝謁である。その日まで、商館長一行は江戸のオランダ宿・長崎屋に逗留した。

長崎屋は国産の薬のほか輸入薬を商う薬種屋で、オランダ商館長の江戸参府時にはオランダ宿としての御用を務める定めだった。商館長が江戸城に登城する際には、先導役も務めた。

無事、将軍への拝謁の儀式が済むと出島に戻る運びとなるが、江戸を出立するまでの間、商館長一行は引き続き長崎屋にとどまる。その期間は半月から一ヵ月ほどである。

その間、海外事情に関心を持つ諸大名や幕府の役人から民間の医師や学者に至るまで、縁故を活用して長崎屋を訪れるのが江戸の春の風物詩となっていた。直接、オランダ人と接触できる貴重な機会だったからだ。

そして、江戸を出立して長崎に戻る前日、商館長は再び登城する。暇乞《いとまご》いの挨拶をするためだが、その際、商館長は滞日中に遵守すべきことが書かれた「御条目」を読み聞かせられている。

ポルトガル人と通交してはいけない。通交していることが判明すれば、日本への来航は禁止される。ポルトガル人について報告すべきことがあれば報告せよという趣旨である。

日本でのキリスト教布教に熱心だったポルトガルへの警戒心が幕府内では非常に強かったことがよくわかる。それだけ、キリスト教徒を中心に起きた島原の乱（寛永十四～十五年＝一六三七～三八）は大きなトラウマだった。

もちろん、日本語で読み聞かせられるため、オランダ通詞がその内容を通訳する。商館長がその内容をお請けする旨を述べると、通詞がそれを日本語に訳し、老中に言上した。

その後、将軍とその世継ぎから時服《じふく》が下賜される。時服とは季節に応じて着る衣服のことで、夏服は帷子《かたびら》、冬服は綿入れのものである。

江戸を出立した商館長一行は、東海道を経由して京都に向かった。

京都では往路の時と同じく、オランダ宿の海老屋に宿泊した。京都所司代や京都町奉行のもとに出頭し、進物を届けた。将軍への拝謁が無事に済んだことへの御礼であった。

京都を出立する日には、知恩院や清水寺、三十三間堂などの仏閣を見学し、伏見へと向かうのが通例だ。お土産として、大量の工芸品も購入した。

大坂では再び長崎屋に宿泊した。大坂城代や大坂町奉行のもとにも出頭し、進物を届けている。大坂では棹銅《さおどう》を製造する泉屋の作業場を見物したが、棹銅はオランダへの輸出品の一つである。

出立日には、住吉社で神楽の奉納を見物した。天王寺では五重塔に登り、道頓堀の角座《かどざ》でも芝居を見物した。将軍への拝謁も済んだ帰路は、ほとんど気楽な観光旅行のようなものだった。

下関では伊藤家か佐甲家に宿泊したが、両家ともオランダ好きの町役人である。下関では阿弥陀寺などの寺社を見物している。

小倉に着くと、出島に向けて書面を送るのが習いである。間もなく戻るという報せだ。長崎に到着すると、商館長は長崎奉行のもとに出頭し、帰着の御礼を申し述べる。会計処理が済むと、江戸参府は名実ともに終了するのであった。(片桐一男『江戸のオランダ人』中公新書)

(2) 朝鮮通信使とおもてなしの食事

将軍代替わりごとの来日

次は朝鮮からの外交使節である朝鮮通信使の来日を取り上げる。

江戸幕府に先立つ豊臣秀吉の時代、二度にわたった朝鮮半島への出兵で、両国は国交断絶の状態に陥った。秀吉の死を機に日本軍は半島から引き揚げたが、その後天下人の座に就いた家康は国交回復交渉に着手する。

幕府と朝鮮の間を取り持ったのは対馬国を領する宗氏であり、その甲斐あって朝鮮は日本への使節派遣を決める。慶長十二年（一六〇七）のことである。

これが通算十二回を数えた朝鮮通信使のはじまりであり、その来日をもって、朝鮮との国交は回復された。幕府は宗氏に朝鮮との外交実務を任せたが、その見返りの形で朝鮮貿易の独占を許可している。

幕府には朝鮮との外交実務を対馬藩に任せることで、それに伴う事務処理の繁雑さから逃れられるメリットがあった。対馬藩からすると、貿易の利益を独占することで、事務処理により生じる出費を充分に補うことができた。

朝鮮通信使が将軍の代替わりごとの派遣となったのは、第四回目の寛永十三年（一六三六）以降だが、通信使一行の人数は四百～五百人にも達した。正使・副使・従事官・上上官・上官・中官・下官から構成され、正使は朝鮮王朝が誇る文官から選ばれた。新将軍のもとでの幕府の応接も鄭重を極め、その待遇は勅使並みであった。

朝鮮の首都漢陽を出立した通信使は、釜山まで陸路で向かった。釜山からは外洋航行船として建造された朝鮮の船に乗り、日本を目指した。船の規模は、長さ約四十メートル、横幅六・四メートル、深さ二・三メートルで、当時の船としては巨大だった。

六艘ほどの船団に乗り込んだ通信使一行は、途中で対馬や壱岐に立ち寄る。対馬からは、対馬藩主と藩士一行を乗せた船団が護衛として加わることになっていた。

そして、関門海峡を越えて瀬戸内海を東に進む。大坂湾に入って上陸した後は、陸路で江戸へと向かった。

江戸に入る時、一行の人数は千人以上にも達している。大坂に上陸した際、乗ってきた朝鮮船の警護のため百人ほどは大坂にとどまるのが慣例であり、人数はむしろ減るはずだった。

ところが、大坂からは陸路となり、護衛役の対馬藩士や荷物などを運ぶ人夫なども一行に加わる。そのため、千人以上の大人数に膨れ上がったのである。

好物を記した覚書

朝鮮通信使の接待では、対馬藩が大きな役割を果たした。朝鮮との外交実務を担ったことから、到着から帰国までの接待業務の実務についても幕府から大いに期待されていた。

一行の行程を詳しくみてみよう。

釜山を出港した通信使一行が最初に入港する港は、対馬北端の佐須浦である。船は城下の府中に回航され、対馬藩主の歓待を受けるのが慣例となっていた。

対馬では一カ月ほど滞在したが、日本に向かう際には対馬藩主宗氏と藩士数百人も護衛のため同行することもこれまた慣例だった。通信使を乗せた朝鮮の船団と護衛の藩士を乗せた対馬藩の船団は、壱岐・筑前・豊前・長門・周防・安芸などの港に寄港しながら大坂へと向かった。

一行の接待にあたったのは各港を支配する諸大名である。十万石以上ならば接待費は自分持ちで、十万石に満たなければ幕府持ちであった。幕府持ちの場合、接待費は当該大名が立て替え、後に幕府から支給された。

諸大名は上陸した一行の宿泊場所と食事を提供したが、大きな寺院が宿泊場所に充てられることが多かった。しかし、通信使一行だけで五百人という大人数であり、民家に分宿する場合もあった。「茶屋」と呼ばれる施設が臨時に建設されることもみられたが、これは休憩所だろう。

こうした接待は、対馬藩から提供された情報に基づき、各大名家が個々に対応した。通信使に同行していた同藩から、通信使一行の人数、到着の日程などの情報を得ることで、接待に落ち度がないよう努めた。

接待を命じられた諸大名が対応に苦慮したことと言えば、何と言っても食事だろう。朝鮮人の嗜好が分からなかった以上、対馬藩からの情報提供が頼りだった。

対馬藩では「朝鮮人好物之覚」という覚書を作成し、関係諸大名に伝達している。この覚書には、牛・猪《いのしし》・鹿などの肉、鯛《たい》・蛸《たこ》・海老などの魚、大根・牛蒡《ごぼう》などの野菜も差し支えない、塩魚や川魚はあまり好まないなどの豆知識が載せられている。対馬藩からの情報に基づき、四苦八苦しながら食事を提供したが、日本側から提供されたものが口に合わなければ、同行の料理人が作り直したようだ。

大坂に上陸した後は、淀川を遡上して淀に向かった。第四章の薩摩藩の事例でみたとおり、淀川には参勤大名用の「川御座船」が用意されており、これに乗船した。

淀で船から降りると、陸路となる。近江国などを経て美濃路に出た後、尾張国の宮宿で東海道に入った。その後は、一路江戸へと向かう。陸路でも大きな寺院が宿泊場所として提供された。

陸路では、参勤交代とは違い徒歩とは限らなかった。

一行のなかで身分の高い者たちには馬が用意されていた。この馬は「鞍置馬」と称され、接待業務の有無にかかわらず、幕府が十万石以上の大名に対して一律に調達させた馬だった。

途中、大井川をはじめとする大河川を渡らなければならなかったが、天竜川や富士川などには船橋が臨時に作られている。船橋とは多くの船を並べてつなぎ、その上に板を渡して橋としたもので、勅使が江戸に下向する時と同じ対応だった。

ただし、大井川には船橋は架けられなかった。通常どおり、川越え人足が担ぐ蓮台で渡っている。

江戸入りに物見高い群衆が押し寄せた

通信使は江戸に入る前に、東海道品川宿近くにある東海寺に入るのが慣例だった。同寺で休憩した後、いよいよ江戸入りとなる。

参勤交代とは異なり将軍代替わりに限られた来日であったため、通信使の行列などそう頻繁に見ることはできない。それも異国からの使節である。

こうして、物見高い江戸っ子たちが行列を見物しようと大挙押しかけていく。その盛大な行列の様子は、現在残されている絵巻の数々が教えてくれる。

東海寺を出た通信使一行は日本橋の町を通過し、浅草の東本願寺に入る。

五代将軍綱吉の将軍就任を祝うため来日した天和二年（一六八二）の通信使までは、馬喰町にあった本誓寺を宿所としていたが、同年末の火事で本誓寺は焼失し、深川へと移転となる。そのため、六代将軍家宣の将軍就任を祝うために来日した正徳元年（一七一一）の通信使からは、東本願寺に宿所が変更された。

東本願寺は江戸でも有数の規模を誇る寺院だが、さすがに一行全員を宿泊させることはできなかった。そのため、一行は浅草寺内の塔頭《たっちゅう》も宿所としている。

東本願寺には、鷹や馬を収容する部屋も臨時に設けられた。朝鮮国王が将軍に贈呈するため、朝鮮から持参してきた動物である。

同行してきた対馬藩主宗氏は東本願寺近くの浅草の崇福寺を宿坊とし、江戸滞在中は通信使に付き添う形が取られた。対馬藩士たちは、下谷の江戸藩邸のほか崇福寺や東本願寺を宿所とした。なお、宿所が火災の危機に晒された場合、通信使一行は谷中の感応寺などを避難所とすることになっていた。

通信使の江戸到着後、幕府は吉日を選んで朝鮮国王からの将軍宛国書が奉呈される儀式を江戸城で執り行う。その後は饗応だった。

帰路は往路と同じである。大坂までは陸路で、大坂からは繋留させていた船に乗り込み、瀬戸内海や対馬を経て帰国した。九カ月から十一カ月を要した旅であった。

将軍代替わりごとの来日とはいえ、その応接費は莫大だった。約百万両の出費を余儀なくされたという。

そのため、財政難に苦しむ幕府は文化八年（一八一一）来日の通信使については対馬での応接にとどめ、これが最後の朝鮮通信使となったのである。（仲尾宏『朝鮮通信使』岩波新書）

(3) 琉球使節の「江戸上り」

薩摩と琉球の表には出せなかった関係

三番目に取り上げるのは琉球王国からの外交使節である。

琉球使節には二種類あった。将軍の代替わりごとに派遣した使節は慶賀使、琉球国王の代替わりごとに派遣した使節は謝恩使と呼ばれた。

現在の沖縄諸島を支配していた琉球王国は国内の産物に乏しかったものの、日本・朝鮮・東南アジア諸国との貿易活動により国力を充実させる。特に中国（明）との貿易により多大な利益を挙げた。

江戸開府後、明との貿易を志向する薩摩藩は琉球に仲介役を依頼するが、拒否に遭う。薩摩藩はそれを理由に家康の許可も得た上で、慶長十四年（一六〇九）に出兵に踏み切る。そして琉球を服属させた。

幕府は琉球平定の報を受け、島津家による琉球支配を認める。以後、琉球は薩摩藩の支配下に入る。那覇には在番奉行が置かれたが、その後も琉球は表向き独立国の形態を取っていた。

琉球が薩摩藩の支配下にあることが明に知れれば貿易は中止となり、その利益を薩摩藩が失うからだ。それを回避するため、薩摩藩は琉球を独立国のように見せかけたのである。

そして、那覇常駐の在番奉行を貿易に参画させ、琉球を介して明から生糸や絹織物を輸入することで利益を挙げる。明が滅亡して清が誕生すると、今度は清との貿易を継続させた。引き続き、琉球つまり薩摩藩は清との貿易を通じて中国産の生糸や絹織物を得ている。

薩摩藩の支配下にありながら、表向きは独立国として中国貿易を継続する変則的な形態は、明治初年まで続いた。

琉球使節の行列（「御免琉球人行列附」歌川国芳＝国立国会図書館蔵）

琉球ブームが沸き起こる

オランダや朝鮮のように、琉球が幕府に外交使節を派遣するようになったのは寛永十一年（一六三四）が最初だ。そして、薩摩藩主の参勤に同行して江戸入りする形が取られるようになったのは、二回目の正保元年（一六四四）の時からである。この二回とも、慶賀使と謝恩使が同時に派遣される形だった。

琉球使節が江戸に向かうことは「江戸上り」と称されたが、薩摩藩主が同行したのは琉球を服属下に置いていたからである。というよりも、同行させることで、琉球を服属させるほどの威光を備えていることを示したい薩摩藩の狙いが透けて見える。

将軍の代替わりだけでなく、琉球国王の代替わりごとにも琉球から使節を派遣させ、国王就任を幕府に感謝させたのは、同じく服属下にあることを国内に示すためだった。だから、その使節は謝恩使と呼ばれたのである。

琉球王子を正使とする使節一行は百人から二百人の規模だが、同行する薩摩藩の参勤行列を合わせれば千人をはるかに超えた。

大坂までは海路である。大坂からは淀川を遡上し、伏見で上陸した。その後は、陸路で江戸へと向かった。

道中、幕府の指示により琉球使節一行は中国風の衣裳を身に纏う決まりであった。街道の要所や江戸市中を通過する際には、銅鑼《どら》・太鼓・ラッパといった琉球の楽器を演奏しながら進んだ。異国色を強めることで、日本への朝貢使節として印象付けようと狙ったのである。

朝鮮通信使と同じく、そう頻繁には見られない異国からの使節であったため、行列を見物しようと大勢の人々が道筋に集まってくることは予想できた。その人気をあてこみ、使節が到着する前から一行を絵入りで紹介する瓦版や錦絵が売り出されている。まさしく、イベント関連本の出版だった。

こうして、琉球ブームが国内に沸き起こるが、なかでも天保三年(一八三二)に来日した謝恩使は大きな関心を呼ぶ。浮世絵師の葛飾北斎も『琉球八景』を描き、ブームに一役買った。

琉球使節は琉球ブームを巻き起こしながら、芝の薩摩藩江戸藩邸に入った。同所が江戸での宿所であった。

異文化交流の場となった江戸の町

薩摩藩の江戸藩邸で半月前後過ごした後、琉球使節は江戸城に登城する段となる。以下、天保三年の事例をみるが、この時の正使は豊見城《とみぐすく》王子。副使は沢岻《たくし》親方である。

同年六月十三日に琉球を出立した使節一行は、鹿児島にしばらく滞在した。鹿児島には琉球館という宿所があった。

九月一日、薩摩藩十代目藩主島津斉興《なりおき》の参勤行列とともに、使節一行は鹿児島を出立する。江戸に到着したのは十一月十六日で、閏《うるう》十一月四日に江戸城に登城した。

当日は斉興と世継ぎ斉彬《なりあきら》の行列に続いて、使節一行が江戸城へと向かった。一行は琉球楽器を演奏しながら進んだ。

正使たちは幕府からの指示に従い、琉球ではなく中国風の装束を身に纏った。ここでも、国内向けに朝貢使節のように認識させたい幕府の意図が確認できる。

午前十時、将軍が大広間に出座する。まず島津斉興・斉彬父子が大広間に進み出て、将軍家斉に拝謁した。参勤の挨拶であった。

その後、老中から斉興に対し、正使豊見城王子と副使沢岻親方を将軍の御前に召し出すよう指示が下る。正使・副使は大広間に出座し、将軍に拝礼した。

続けて、琉球国王や使節からの献上品が奉呈され、披露される。これで将軍への拝謁の儀式は終了であった。その後、正使・副使は後に十二代将軍となる世継ぎの家慶、その子で十三代将軍となる家定に拝謁し、江戸藩邸に戻ることになる。

七日にも、琉球使節は江戸城に登城している。斉興・斉彬父子も同道した。

大広間では将軍家斉や世継ぎの家慶臨席のもと、中国の音楽が奏でられた。音楽の演奏が終わると、饗応となる。

饗応が終わると、老中から帰国の許しが出る。将軍からは銀や綿などが下賜された。既に奉呈されていた琉球国王の将軍宛国書への返書も、この時渡されている。

九日、琉球使節は上野寛永寺の将軍家霊廟に参詣している。十六日は老中や若年寄の屋敷、十八日には御三家の屋敷を訪問した。将軍への拝謁が無事に終了したことへの御礼であった。

一連の公式行事が終わると、琉球使節一行は薩摩藩邸で藩主や家臣たちに琉球や中国の踊りや音楽を披露する一方、日本の芸能である芝居や軽業などを見物した。江戸滞在は五十五日間に及んだ。

十二月十三日、琉球使節は帰国の途に就く。往路と同じ経路を辿り、翌年三月五日に鹿児島の琉球館に入った。同十九日、鹿児島を出帆し、四月八日に那覇へと戻った。

ここに、十カ月にも及ぶ長旅は終わったのである。（安藤優一郎『参勤交代の真相』徳間文庫カレッジ）

あとがき

泰平の世を背景に、庶民とりわけ女性が牽引する形で国内旅行の市場は拡大した。鎖国体制の確立により日本人の海外渡航が禁止されたことで、旅行の場は国内に限られてしまったが、それが全国各地に多くの観光地を産み出し、旅行産業を活性化させる要因となった。そして江戸開府から約百年後の元禄期より、旅行ブームがはじまる。

本書では、各旅行先で見られた泣き笑いに焦点を当てることで、江戸の旅行ブームの実像に迫った。しかし、幕末に入って日本が鎖国体制を放棄し、自由貿易を認めるようになると、外交使節に加えて外国商人が貿易を目的として次々と日本に入ってくる。一方、海外に渡航する日本人の数も増えていった。

こうして、日本人の旅行の場は海外にも広がり、外国からの観光客も増えていくが、プロローグでも述べたとおり、社会の安定なくして安心安全な旅行など成り立たない。泰平の世であったればこそ、江戸時代の日本では旅行市場が活況を呈した。ひるがえって現代の日本をみると、コロナ禍のため市場は大幅な縮小を余儀なくされている。インバウンド需要の回復も見通せない。

国内の旅行客の獲得に活路を見出すしかないのが旅行界の現状と言えるだろうが、江戸時代は農民も町人も、男も女も物見遊山を楽しめた時代であった。歴史には多くの知恵が詰まっている。何か参考になる事例があるのではなかろうか。

本書はそんな問題意識のもと、現代にも相通じるような旅行事情に迫ってみた。旅行大国だった江戸時代の日本人の姿を少しでも感じ取っていただければ幸いである。

本書執筆にあたっては、朝日新書編集部の福場昭弘氏のお世話になりました。末筆ながら、深く感謝いたします。

二〇二一年九月

安藤優一郎

参考文献

山本博文『参勤交代』講談社現代新書、一九九八年
深井甚三『江戸の宿―三都・街道宿泊事情』平凡社新書、二〇〇〇年
片桐一男『江戸のオランダ人』中公新書、二〇〇〇年
池上真由美『江戸庶民の信仰と行楽』同成社、二〇〇二年
金森敦子『江戸庶民の旅　旅のかたち・関所と女』平凡社新書、二〇〇二年
金森敦子『伊勢詣と江戸の旅―道中日記に見る旅の値段』文春新書、二〇〇四年
山本光正『江戸見物と東京観光』臨川書店、二〇〇五年
安藤優一郎『観光都市江戸の誕生』新潮新書、二〇〇五年
丸山雍成『参勤交代』吉川弘文館、二〇〇七年
仲尾宏『朝鮮通信使』岩波新書、二〇〇七年
安藤優一郎『大江戸お寺繁昌記』平凡社新書、二〇〇九年
安藤優一郎『徳川将軍家のブランド戦略』新人物文庫、二〇一二年
安藤優一郎『大江戸の飯と酒と女』朝日新書、二〇一九年

安藤優一郎 あんどう・ゆういちろう
1965年、千葉県生まれ。歴史家。文学博士（早稲田大学）。早稲田大学教育学部卒業。同大学院文学研究科博士後期課程満期退学。主に江戸をテーマとして執筆・講演活動を展開。「JR東日本・大人の休日倶楽部」などの講師を務める。『大名庭園を楽しむ』『大奥の女たちの明治維新』『大江戸の飯と酒と女』『渋沢栄一と勝海舟』『越前福井藩主 松平春嶽』など著書多数。

朝日新書
837

江戸《えど》の旅行《りょこう》の裏事情《うらじじょう》

大名・将軍・庶民 それぞれのお楽しみ

2021年10月30日第1刷発行

著　者　安藤優一郎

発行者　三宮博信
カバーデザイン　アンスガー・フォルマー　田嶋佳子
印刷所　凸版印刷株式会社
発行所　朝日新聞出版
〒104-8011　東京都中央区築地5-3-2
電話　03-5541-8832（編集）
　　　03-5540-7793（販売）

Published in Japan by Asahi Shimbun Publications Inc.
ISBN 978-4-02-295142-7
定価はカバーに表示してあります。
落丁・乱丁の場合は弊社業務部(電話03-5540-7800)へご連絡ください。
送料弊社負担にてお取り替えいたします。

朝日新書

諦めの価値

森 博嗣

諦めは最良の人生戦略である。なにかを成し遂げた人は、常に多くのことを諦め続けている。あなたにとって、何が有益で何が無駄か、「正しい諦め」だけが、最大限の成功をもたらすだろう。人気作家が綴る頑張れない時代を生きるための画期的思考法。

人事の日本史

遠山美都男
関 幸彦
山本博文

一大リストラで律令制を確立した天武天皇、人心を巧みに掴んだ武家政権生みの親・源頼朝、徹底した「能力主義」で人事の停滞を打破した松平定信……。「抜擢」「出世」「派閥」「査定」「手当」「肩書」などのキーワードから歴史を読み解く、現代人必読の書！

インバスケット経営思考トレーニング
生き抜くための決断力を磨く

鳥原隆志

ロングセラー『インバスケット実践トレーニング』の経営版。コロナ不況下に迫られる「売上や収入が2割減った状況で行うべき判断」を、ストーリー形式の4択問題で解説。経営者、マネージャーが今求められる取捨選択能力が身につく。

税と公助
置き去りの将来世代

伊藤裕香子

コロナ禍で発行が増えた国債は中央銀行が買い入れ続けた。金利が急上昇すれば利息は膨らみ、使えるお金は限られる。保育・教育・医療・介護は誰もが安心して使えるものであってほしい。持続可能な社会のあり方を将来世代の「お金」から考える。

私たちはどう生きるか
コロナ後の世界を語る2

マルクス・ガブリエル
オードリー・タン
東 浩紀 ほか／著
朝日新聞社／編

新型コロナで世界は大転換した。経済格差は拡大し社会の分断は深まり、暮らしや文化のありようも大きく変わった。これから日本人はどのように生き、どのような未来を描けばよいのか。多分野で活躍する賢人たちの思考と言葉で導く論考集。

朝日新書

歴史のダイヤグラム
鉄道に見る日本近現代史

原　武史

特別車両で密談する秩父宮、大宮vs.浦和問題を語る田山花袋、鶴見俊輔と竹内好の駅弁論争……。鉄道が結ぶ小さな出来事と大きな事件から全く知らなかった日本近現代史が浮かび上がる。朝日新聞土曜別刷り「be」の好評連載、待望の新書化。

警察庁長官
知られざる警察トップの仕事と素顔

野地秩嘉

30万人の警察官を率いるトップ、警察庁長官はどんな仕事をしているのか。警視総監の仕事と何が違うのか。どのようなキャリアパスを経て長官は選ばれるのか——。國松孝次第16代長官をはじめとした5人の元長官と1人の元警視総監にロングインタビューし、素顔に迫る。

ベスト・オブ・齋藤孝
頭を良くする全技法

齋藤　孝

読む・書く・話す技術、コミュニケーションの極意、魂を磨く読書、武器としての名言、人生を照らすアイデアの出し方——知的生産をテーマに500冊以上の書籍を書きついできた著者既刊から、珠玉のエッセンスを凝縮した「ベスト本」。頭が動くとはこういうことだ。

世界100年カレンダー
少子高齢化する地球でこれから起きること

河合雅司

未来を知るには、人口を読め。20世紀の人口爆発の裏で起きていたのは、今世紀中に始まる「世界人口減少」への序章だった。少子化と高齢化を世界規模で徹底的に分析し、早ければ43年後に始まる〝人類滅亡〟への道に警鐘を鳴らす人口学者の予言の書。